后浪

中国社会经济通史

全汉昇 口述

叶龙 整理

北京联合出版公司
Beijing United Publishing Co.,Ltd.

序

我听全汉昇教授讲"中国社会经济史"这门课是在1967年至1968年间，翌年也修读了全先生的"中国近代经济史"。当时新亚仍在九龙土瓜湾农圃道，但由于走上农圃道有一段百多米的斜坡路，自从马骏声校友不再管理学校大门以后，大家便都走天光道的后门了。

记得有一次放学，我去离校最近的巴士站等车返家时，正巧全教授也在等车，我就顺便问道："全先生，您是北京大学毕业的，那您是否也听过钱宾四先生的课呢？"全先生答道："我与钱先生是同一天进北大的，我是学生，钱先生是以副教授资历受邀去北大教书的，我听过他的'中国通史'与'中国近三百年学术史'两门课。"可惜我当时没有问他是哪一年，大概是1932年至1935年间的其中一年吧！我所以把这番话记下来，是由于一些有关他们两位的书中都说得不清楚，故值得在此补述。

我本来是哲学教育系毕业的（1953—1957年），接着的两年又在钱宾四先生指导下毕业于新亚研究所。后来香港中文大学李卓敏校长准我们重读一年，并写一篇论文，通过后可获中大正式的英联邦硕士学位，可惜我没有机缘，便只得转读历史系学士学位。要感谢王佶教务长在校务会议中支持我重读，两年后在历史系获文学士学位，然后我在香港大学罗忼烈教授的准许及协助下，先后获得硕士和博士学位。这主要是宾四师与忼烈师两位的深厚交情所致，在此要万分致以谢意的，也得感谢王佶教务长的帮助。

记得当年我用两年时间重读历史系的学位，选课并不宽松，为什么呢？因为我这两年是在教中学，星期一至五的下午四时下课，就急急赶返新亚上课。由于中学与新亚距离很近，快步五分钟便可赶到新亚，对我来说实在是一件幸运的事。不然便读不成这个学位，也休想再读硕士、博士。

这两年我在历史系的选课，限于每周一至五的下午四时后的两小时，再加星期六上午的一门课，凑起来勉强刚够学分。可以这样说，这两年我只修读三位教授的课，刚好凑够学分。因为其中两位是下午四时上课，另一位是星期六上午。本来我肯定可以拿到二等甲级荣誉文学士的学位，因为平常这三位教授都给我高分。可惜有一位教授受到一位他系教授的拉拢，把我的分数打低了，于是只拿到二等乙级的荣誉学位，也算过得去了，夫复何言。

我听了全汉昇先生的两门课，觉得他与宾四先生的学问是一脉相承的，上面已有说明。全先生来新亚前，是台湾"中央研究院"的院士兼研究员，他亦在台湾大学授课，当时已是中国经济史的权威。他在新亚退休后，便返回"中研院"任职，在台湾终老。

前面说过，我听过全先生上述两门课，稍早几年，我亦听过钱宾四先生的"中国经济史"与"中国社会经济史"。现在钱宾四先生上述两书，前者已由北京后浪出版公司出版，销路极佳，是简体字本，后者亦将由后浪出版。至于繁体字本，则均由香港商务印书馆出版，也甚畅销。至于全先生的书，亦将由后浪与商务出版。钱、全两位大师，著书立说，各呈精彩，相信一定不会使读者失望的。

叶龙

2015年4月18日

于香港青衣美景花园

目 录

序……………………………………………………………叶　龙 1

导论　研究中国社会经济史的方法……………………………1
　　一、什么是"经济史"　2
　　二、为什么要研究经济史　4
　　三、如何研究中国社会经济史　6
　　　　1. 材料的收集　6
　　　　2. 材料的别择取舍和审定　9

第一章　古代社会经济概况……………………………………11
　　一、传说中的古代社会经济　12
　　二、从考古学所见的古代社会经济　15
　　三、殷商社会经济概况　18
　　　　1. 殷商为农业社会而非畜牧社会　18
　　　　2. 殷商工业生产情形　21
　　　　3. 殷商的财产继承制　22
　　四、周代社会经济概况　23
　　　　1. 周人的农业生产　23
　　　　2. 周代的井田制度　25
　　　　3. 周代的商业与货币　27
　　　　4. 西周的封建制度与宗法社会　29

五、春秋战国时代社会经济概况　31
　　1. 春秋时齐国发展之情形　31
　　2. 秦国的兴起与强盛　33
　　3. 春秋战国时代农业情形　35
　　4. 春秋战国时代工业情形　39
　　5. 春秋战国时代的商业与货币　40
　　6. 春秋战国时代的经济思想　44
　　7. 春秋战国时代的家族制度　46

结　论　48

第二章　秦汉社会经济概况　49

一、秦代社会经济概况　50
二、汉代社会经济状况的变动　53
　　1. 曹参"无为而治"　53
　　2. 武帝的经济政策　54
三、汉代农业情形　56
四、汉代工业情形　59
五、汉代的商业与货币　61
　　1. 汉代的商业与对外贸易　61
　　2. 汉代货币情形　63
六、汉代的财政与租税　66
　　1. 汉代财政情形　66
　　2. 汉代租税情形　67
七、汉代的社会阶级　69
八、王莽的改革　72
九、东汉的地主阶级政权与大家族制度　74

第三章　魏晋南北朝社会经济的转变……………………………… 75
　　一、豪家大族　77
　　二、佛教寺院　78
　　三、屯田与均田　79

第四章　隋唐宋社会经济概况……………………………………… 81
　　一、户口情形　82
　　二、隋代社会经济概况　84
　　三、经济中心之南移　85
　　四、唐宋运河情形　86
　　　　1. 唐代运河　86
　　　　2. 宋代运河　90
　　五、唐宋商业与国际贸易情形　92
　　　　1. 唐宋时商业之发展　92
　　　　2. 唐宋国际贸易情形　93
　　六、唐宋时的城市　96
　　　　1. 扬州　96
　　　　2. 汴京　98
　　　　3. 杭州　100
　　七、唐宋工业情形　102
　　八、唐宋货币情形　106
　　　　1. 唐宋时铜钱使用情形　106
　　　　2. 唐宋时的纸币　108
　　九、唐宋的田制与农业　111
　　　　1. 均田制与唐宋农业生产情形　111
　　　　2. 从租庸调制到两税法　112
　　　　3. 盐、酒、茶的专卖　113

        4. 王安石的新法　114
    结　论　116

第五章　元代社会经济概况 ································· **119**
    一、元代之海运　121
    二、元代之货币　122

第六章　明代社会经济概况 ································· **125**
    一、明代人口情形　127
    二、明代农业情形　132
        1. 土地与农业生产情形　132
        2. 外来作物与经济作物　135
        3. 明代的军屯　137
    三、明代工业情形　139
    四、明代商业与国际贸易情形　142
        1. 明代商业情形　142
        2. 朝贡与国际贸易情形　143
    五、明代货币与财政情形　147

第七章　清鸦片战争前的经济概况（1644—1840年） ·········· **151**
    一、清代人口情形　152
    二、清代农业情形　154
    三、清代国内外贸易情形　157
        1. 国内贸易情形　157
        2. 国际贸易情形　158
        3. 物价情形　162
    四、清代财政情形　166
    结　论　168

第八章　近代中国工业化的历史……………………………………**171**

一、中国近代工业化的三个阶段　174

　　1. 第一阶段：军事工业建设时期（1865—1894 年）　174

　　2. 第二阶段：商办民生日用工业发展时期（1895—1913 年）　178

　　3. 第三阶段：民族工业资本兴起及发展时期（1914—1937 年）179

二、中国近代工业化成绩不如理想的原因　182

出版后记　187

导论
研究中国社会经济史的方法

一、什么是"经济史"

英国牛津大学经济史教授汉考克（W. K. Hancock）在其《经济理论》（*Economic History at Oxford*）一书中，提到一"经济史"的定义曰"the historical study of man as getters and spenders"，意即研究人类赚钱（获取财物）和花钱（消费财物）的历史。"财物"者，包括各种货物（goods）与劳务（services）。人类要生存，必须满足各种基本的物质需求（衣、食、住等），故须设法去取得"财物"，而人类谋生的能力历来是不断变化的。

1934年，美国哈佛大学经济学教授厄谢尔（A. P. Usher）在其著作 *An Economic History of Europe Since 1750* 中说，经济史的任务主要在于研究"天然资源""技术"与"制度"三因素对人类经济生活的影响。

天然资源（natural resources）中最主要的是土地，而地理条件的不同对人类经济影响极大。例如在沙漠中从事农业，即便成功，亦必产生报酬递减的现象，必不便利与合算，故只好从事游牧。近代欧洲西部及北美洲之所以能发展成富有的工业国家，乃因其天然资源特丰，煤铁等矿藏丰富，利用大规模的机器来生产，故其生产能力特强。机器的主要原料为铁，炼铁要用煤，故一国的机器工业能否发展要看其煤铁矿产是否丰富，即推动机器的动力来源是否充足。故上述因素与人类谋生的能力及一国的经济发展有着极密切的关系。

技术（technology）为帮助人类开采及利用天然资源的一种手段。如世界上第一口石油井于1869年在美国东部的宾夕法尼亚州开始开采，石油早有，但过去印第安人居住时代因技术落后而不能利用，即使偶然发现，也只是疑为有魔术性的药品而已，此即"货弃于地"之谓也。又如台湾日月潭，在高山族居住时代只知潭水可饮可渔，因技术落后故也，近几十年来利用现代化的技术开一大隧道直通山下，其水力便可发动一个水力发电厂。

此外，人类的社会制度（institution）对经济生活亦有重要影响。如奴隶社会中，奴隶劳动所得大部分须送给主人，自己只能取得活命所需，是不自由的劳动者。欧洲中古时代的庄园领主下有农奴，为半自由劳动者。到了近代社会，劳动者与雇主间则是一种自由契约的关系，是为自由劳动者。故制度不同，生产情形不同，生产所得的分配便不同，生产效率也不同。又如资本主义社会中，人们财产私有，可自己投资，而共产主义社会下的财产为国有，一切支配权力在国家。故制度不同，其生产的组织与管理各不相同，资本的筹集方式也不同。

二、为什么要研究经济史

汉考克教授提到，19世纪时殖民者在南美洲开矿，当时有流行谚语曰："白人每日一英镑工资，黑人每周一英镑工资。"（£1 a day for the white man, £1 a week for the black man.）由此可知工人因种族不同而有不同待遇。此只知其后果，而不知其起因，欲知起因，则必须研究"经济史"才能知也。

研究中国经济史之意义有二：

首先，可对世界经济史的研究有所贡献，世界经济史上有许多问题的答案可在中国经济史里找寻。

例如美洲新大陆的发现在经济方面的影响是世界性的，而并不限于欧洲。美洲新的农作物，以前欧亚均没有，如马铃薯（potato）自美洲传入欧亚后，对欧亚农业产生重大影响。以爱尔兰言，原先因土壤不良而常有饥荒，自马铃薯传入，因其能在不甚好的土壤中生长，故当地人民可靠此为粮，不致挨饿。又如甘薯，在中国叫"番薯"，是由西班牙人从美洲带到吕宋，再由吕宋传到中国的福建。番薯传入中国，使粮食产量大幅增加。

又如，美洲最重要的银矿产地在玻多西（Potosi，今属玻利维亚，前属秘鲁），美洲当时为西班牙属地，故有大量的银运入西班牙。当时银为货币，货币多即贬值，而物价上涨，17世纪初之物价达到16世纪初的三四倍之多，有些经济史家称之为"物价革命"。

中国此时也受到美洲银矿开采的影响。因西班牙受到上述影响，外国便运物资去卖，以致贸易入超，银子外流。而欧洲多国均与中国通商，如葡人入澳门，荷人入台湾，因太远不便带货，便把这些银子带来中国，买去丝、茶，以致中国银子增加。另一方面，菲律宾在16

世纪时为西班牙殖民地（后为美国殖民地），西人将银子带入菲律宾，而中国人在该地供应物资，赚回银子。于是银子大量流入中国，其影响有二：一是货币变为银本位，二是物价上涨。故美洲银矿开采的影响是世界性的。

其次，欲解答中国近年来主要经济问题发生的原因，亦须研究中国近代之经济史。如中国的贫穷现状，经济落后是主因，故生产力低，收入少。据联合国1947年的统计，中国的平均国民所得为每人每年27美元，而美国为1 543美元。又如中国自清末以来，多少次想要工业化而皆不成，其原因即可自详细研究中国近代经济史而得答案也。

三、如何研究中国社会经济史

1. 材料的收集

如要研究中国社会经济史方面任何一项题目，先要找材料。在何处找？须谈一谈。

首先是正史。一部"二十五史"，自《史记》《汉书》直至《明史》《清史稿》，有人说此为帝王家谱，如"本纪"是记载皇帝的历史，与社会经济史无关。但"二十五史"并非纯为帝王家谱，仍有中国社会经济史的材料在其中。

如正史中的《食货志》(《史记》中的《平准书》《货殖列传》，《汉书》及以下各史中的《食货志》)，与社会经济史研究有密切关系，每一朝代的土地制度、货币流通、盐铁专卖、财务行政、租税徭役及国家财政收入开支等均可从中找到。

又如正史中的《地理志》，可研究各地物产、矿产、户口之分布及增减变动等，均有不少资料。

又如正史的《五行志》中，会提及某地有海风、大雨、水旱灾及饥荒，或某些地区经济落后贫穷等，均可找到材料。

又如正史的"列传"中，某人或为财政经济大臣，或从事社会改革，其传便有助于研究社会经济史。例如《宋史·王安石传》，王氏为改革经济的大政治家，故该传对研究其新法及当时社会经济情形均有帮助。

又如正史中的《列女传》，可据以研究妇女在当时社会中所占地位及其生活情形。

中国史书并不限于正史，正史以外之史籍中亦有许多可资利用的材料。

如《册府元龟·邦计部》中，有很多关于唐代社会经济情形的材料，对于研究唐代社会经济史而言，该书与新旧《唐书》同样重要。

又如宋代，除《宋史》外，有《宋会要辑稿》"食货"部分，亦为好材料，因其详于《宋史·食货志》，且材料集中。

又如明代有《明实录》，其中有丰富的社会经济史料，如在每一年末尾有全国户口、租税收入等记载。研究中先有了问题，该问题发生于何朝，则翻看该朝，并查看每年史料之末的相关数字。如将其加以系统之统计，则可知全国人口及租税收入变化之情形。当时国家税收除货币外，尚有银、布帛、米麦等，可作系统比较。

又如清代，可看南开大学历史系编《清实录经济资料辑要》，此书抄出《清实录》中有关经济方面的史料，分门别类，可据以研究清代经济情形。

近年来又有新史料书出版。在档案的辑录方面，有"中研院"近代史研究所编的《矿务档》《海防档》及《总理衙门档案》等。

清末数十年中，欲开采煤铁等多种矿产，需向外国购买机器并向外国借款，或由外国投资在华从事开矿事业。《矿务档》便是将总理各国事务衙门（1861—1901年）、外务部（1901—1911年）和外交部（民国时代）三时期外交部门官方文件中有关矿务部分的原始档案均收在一起。此书中有不少资料乃关于中国近代之重工业及开矿方面者。

清末沿海国防问题严重，由于西人攻华靠坚船利炮，社会人士主张学习西方技术以巩固海防，故设立造船厂、枪炮厂、电报局，并修建铁路。以上相关档案被编入《海防档》，此书分为购买船炮、福州船厂、机器局、电线、铁路五部分，其中有许多原始材料。

又如抗战前，怡和（渣甸）洋行有不少档案。作为五口通商后的一家洋行，怡和在中国过去一百多年来之出入口商业中扮演重要角色，亦曾投资中国的铁路，并贷款给中国。故怡和洋行的档案与中国近代经济史大有关系，此批资料在珍珠港事件后已运至英国，保存于剑桥大学。

很多笔记小说中常提及各地社会的零星事件，许多材料颇有参考价值。如要了解北宋首都汴京的情形，有孟元老《东京梦华录》一书可资参看。作者在书中回想东京的物质生活及种种情形，有的为正史所无，如记载当时运入城内的猪达数以万计，又如城内人口及粮食消耗之数量等均有记及。

又如元代陶宗仪《辍耕录》一书中，记载上海附近有松江人黄道婆者，曾在海南岛久住，见当地人种棉花以纺纱织布之情形及所用工具，学到后返松江，将此种生产技术教给当地人，使长江下游的广大地区均学会了，于是松江成为纺织业中心。此为中国棉纺业最早的一段历史，却为正史所无，而陶著中却有。故笔记小说亦为研究中国社会经济史之重要资料。

在地方志方面，现存有七千多种，以宋代为最早，历元、明、清数代。有记一省的，也有记一府、一县或一镇的，如《景定建康志》为记南京者，《咸淳临安志》为记南宋首都杭州者。其中于当地之户口、物产、工业、农业及租税等方面情形均有记载，也有同乡的社团、会馆，为研究社会经济史的好材料。

私人文集之中也有部分资料可用，如作者生前曾任财经方面之主管行政长官，或曾从事社会经济改革者，其文集便极有用。

如张之洞有《张文襄公全集》，作者曾负责建立汉阳铁厂，在其文集中可找到不少有关资料，可借以知近代重工业之发展遇到何种问题，如何解决困难等。张之洞又提倡建设铁路，如卢汉铁路（后称平汉铁路）便由其始建。由于当时人迷信修铁路会破坏皇族风水，于清室不利，故至卢沟桥止，而不达北京也。又，张氏在武汉曾建立棉纺厂、水泥厂等，采用西法机器设备，皆可找到不少相关材料。

又如盛宣怀有《愚斋存稿》，盛为政客，亦为大工业家。张之洞所办之汉阳铁厂，原为官办，由官方投资，后来官方不能再投资，改成官督商办，由商人投资经营，便由盛宣怀经管。由张之洞官办转而由盛宣怀官督商办，在《愚斋存稿》中便可找到相关资料。又如清末几年中，汉阳铁厂改组成汉冶萍煤铁厂矿有限公司（简称"汉冶萍公司"，意即由汉阳铁厂、大冶铁矿及萍乡煤矿合并而成），合并后公司资本为2 000万元，为当时之大企业。以上经过在文集中均有记及，可以对近代社会经济史之研究有大贡献也。

2. 材料的别择取舍和审定

收集材料并非即是研究，收集之外尚须加以整理与分析，以能够适当地、正确地运用史书中的材料。故史学方法很重要，然后知材料之取舍，何者为有用，何者又为无用。汉考克在其《经济理论》一书中亦言及材料之取舍，并以打鱼作比喻，其中经济理论如渔网，入水网鱼，渔翁捉到鱼后，小鱼（喻无用之材料）任其漏入海中，将大鱼（喻有价值之材料）网起待售，小鱼入海，待其长大后再网。

正史及其他史书中的史料包罗万有，政治、经济、社会、宗教、军事、艺术等各方面均混杂其中。我们需取其有用者，故需兼习几门社会科学，如可旁听一二门社会学、经济学原理课程，于研究社会经济史均有帮助。

史料中的统计数字于社会经济史研究极有用，但使用时要小心。如《宋史·地理志》记宋徽宗大观四年（1110年）时有2 080余万户，4 600余万口。上述户数与登记数字相近，较可靠，但口数则大有问题。因若照此口数，则平均每户为2.6口，与当时社会情形不合。此乃由于当时人为逃避政府的丁税（人头税）而少报人口，以减轻负担。事实上，汉元帝时（公元2年左右）中国人口已有5 900多万，宋代时不可能反而少于此数，况且北宋时经济生产状况甚佳，人口理应增长。故上述口数，只是当时中国纳人头税的人丁数字，而实际情形约为一户五口，则实际口数应超过1亿，方为比较接近真实的数字。故对此种数字，不可全信，须慎重处理。

又如《乾隆朝东华续录》卷一一八载乾隆帝"上谕"（皇帝文告）中提到，康熙四十九年（1710年）时全国口数为2 300余万，到乾隆五十七年（1792年）时达到3亿。但事实上，前者为缴纳丁赋的人口数（仅包括付税壮丁），而后者则为实际人口数字（包括男女老幼）。康熙帝心知虚报之弊，故在康熙五十年（1711年）时改变办法，规定人头税以该年定额为限，此后新增人丁不再加收丁税，故此后人口数字渐近事实。乾隆六年（1741年）时开始实行新的户口调查法，即用地方保甲调查户口，然后申报政府，故人口数字更为准确。

因此，在整理和使用资料时要详加审订，不可轻信史籍所载之数字也。

第一章
古代社会经济概况

一、传说中的古代社会经济

《易·系辞下》云:"古者包牺氏之王天下也,仰则观象于天,俯则观法于地。观鸟兽之文与地之宜,近取诸身,远取诸物。于是始作八卦,以通神明之德,以类万物之情。作结绳而为网罟,以佃以渔。"此为中国古代人民生活的最早记载,可证明当时古人过的是渔猎生活,用网打猎、打鱼。

接着的另一位帝王神农氏,与耕种有关,传说他发明耒、耜,则此时已为农业社会。

再往后,黄帝、尧、舜发明木船(水上运输),利用牛马进行陆上运输,发明杵臼以做农业加工(地上挖空为臼,将谷舂去皮壳),又发明宫室(免穴居)、棺椁(埋死人)、兵器及文字等。

上述记载均为传说,《史记·五帝本纪》中并无记载,仅在《淮南子》中有所记及。如以太史公《史记》的记载为可靠,则此等均为传说而已。

我人从伏羲发明打猎工具可知,中国古代人民过的是渔猎生活,再过一段长时期,便进展到农业生产时期——即由伏羲之"渔猎时期"进展至神农之"农业时期"。但此中值得注意者是,两时期之间并无"畜牧时期"。

今试想象:一日,原始时代之人外出打猎,有一狗随之,人始知犬猪牛羊等家畜可加豢养。人在渔猎时期，打不到野兽便会挨饿，然而进入畜牧时期后，食物有了比较可靠的来源，便不易挨饿。故由渔猎时期进展到畜牧时期，再而由牛耕进展至农业生产时期（按此为传统的说法，但全先生看法不同，因为古代传说中并未提及畜牧时期，故中间似无过渡性之畜牧时期也）。

今以北美洲之土著红印第安人为例。他们最初渔猎，后进展到农业社会，中间并无畜牧时期。故中国古代无畜牧时期亦不足为奇，也可能是因中国古代畜牧阶段之时间甚短故也。

中国之地势（以十八省而言），东部为较低之大平原，西部则较高，即在平汉铁路以东为大平原，其西为高原或山地。黄河流经大平原时，因无固定的天然河床，故常泛滥为患，很多地区为水所淹。据古籍记载，云梦、孟诸、菏泽均为在大平原中之湖（大沼泽），附近地区为水所淹，长了野草，近南的长江流域则成了热带丛林。故我人祖先在大平原上，靠渔猎为生。其最早而较可靠的证据是，人类学家在民初于周口店（北平西南）发现北京人，大概生活在2万多年前，但不早于10万年前。这些北京人手臂较长，脚较短，以便捕兽和找寻食物，故知其以打猎为生。

在东部大平原，原始人们专门靠打猎为生，他们被称为"夷"。据古书载，在山东靠海地区，有莱夷（"莱"即山东）和淮夷（在淮河流域）。《论语·子罕》中云"子欲居九夷"，可知当时夷族多，故称之曰"九夷"。"夷"字由"大"与"弓"合成，"大"即"人"也，再加"弓"为"夷"，意即能用弓打猎的人。

《吕氏春秋·勿躬》中云"夷羿作弓"，羿（后羿）为东部大平原的领袖，发明弓。《论语·宪问》中云"羿善射"，可见羿拥有使用弓的优良技术。《楚辞·天问》云："帝降夷羿……封豨是射"。

《楚辞·离骚》云："羿淫游以佚畋兮，又好射夫封狐。"又，《左传·襄公四年》云："（羿）恃其射也，不修民事，而淫于原兽。"以上皆证明古人以游猎为生，好打猎。

古代称东部大平原上的人为"东夷"，意即野蛮民族。当时西北黄土高原地区已进展到农业时期，但居住于东部的人仍以渔猎为生，故称之为"夷"，有落后之意存也。

根据上述，吾人可想到，在中国古代大平原地区，多数地方被水淹而成为丛林、沼泽，有野兽出没，不能作耕地，人民以捕兽为生，过着渔猎社会的生活。周口店为东部大平原之边缘，再过即为西部山地，故上述解释与事实相符合也。

中国古代经济的发展，因面积大而并非全部一样。东部大平原既多沼泽，低湿而不卫生，蚊多易生疟疾，故人口不易大量繁殖。而修建排水沟渠等大规模的水利工程，非古人智慧能力所及，亦不能大量组织人力，故只得过渔猎生活，而不易成为农业社会。反之，在西部、西北部的山地或高原，因土地干爽，气候适宜，就成为农业社会也。

二、从考古学所见的古代社会经济

抗战前，中央研究院的李济等人在河南安阳县考古，在黄河北之后冈发掘出不同颜色的粗细陶器，其分布层次自下而上分别是彩陶、黑陶、白陶（灰陶）。可证明此地区之人类，最早用彩陶，其次用黑陶，最迟用白陶，可代表三种不同的文化，考古学家给予三者以不同之名称：

彩陶在河南渑池发现，为"仰韶文化"之代表。

黑陶最早在山东济南附近的龙山镇发现，可作为"龙山文化"的代表。由于当地土壤为黑色，故为黑陶。在龙山附近还发现了石器、蚌器和骨器。因山东近海，故有蚌，也有用兽骨为器者。其中有一种骨器作占卜用，此为甲骨文的先声。

白陶（灰陶）最早于河南安阳小屯发现，故称"小屯文化"。古人到了用白陶时，已同时进展到青铜器时代，开始使用铜器了，此即"殷墟时代"（殷商时代）。

可参看梁思永《小屯、龙山与仰韶》（《庆祝蔡元培先生六十五岁论文集》）一文，其中讨论了后冈殷墟三种不同陶器在地理上的分布。又有瑞典人安特生（Johan G. Andersson）所著《中华远古文化》（*An Early Chinese Culture*）与《甘肃考古记》（*Archaeological Research in Kansu*）二书，均为地质调查所出版，可作为仰韶文化之参考材料。

人类有陶器后，便可过定居的生活。游牧时代不可能有陶器，因不能定居也。

此外，在彩陶的地层同时又发现一些石耞、石耨等工具，作农耕之用。可以想象，仰韶文化时期之人类已过农业生产之生活。同时在彩陶陶器上，有谷粒等农产品之图案，表示此时代已进入农业生产时期矣！

除了河南西部外，在陕西、甘肃、辽宁等地均有彩陶的发现。除辽宁外，其他均在西北山地或高原地区，故彩陶代表中国古代西北山地的文化。同时，以彩陶为代表的文化，已开始有农业生产。西北山地的土壤为黄土，故又称为"黄土高原"，此种黄土之特点是较为干燥，较为卫生，不似东部平原之低湿，故宜人居住。黄土又松，土中有洞穴，易于挖掘耕种，故在古代生产工具和生产方式落后的情形下，较易从事生产。此外，西北黄土高原尚有一特点，即没有原始大森林，开辟耕地较为容易，故古代生产工具虽落后，但也能成为农业社会了。

可以推想，古代中国之农业发展地区是在西北山地，而非东部大平原也。

在西北山地有彩陶处，同时有鹿、鱼、鳖发现。鹿住山林中，鱼、鳖住沼泽中，这可能是因西北山地的耕地有限，故需以渔猎所得作为补充。

陶器的发明，首先须用火烧泥土，而人们使用火乃长期经验积累而成。老祖宗初遇火，如山火或雷电的走火，初见害怕，便逃离火区，待火灭回原处，后悔未连同野兽一起带出，但鼻闻香味，于是发现火可供烧烤。人类因此设法保存此火焰，将火用剩后，用灰或泥轻覆其上，以便再用，此为人类早期用火之法。在原始村庄中，有一种"长明火"（permanent fire），使之不灭而存其火焰以供奉社神。再过一段长时期后，始有人发明钻木取火（fire-making），即用石钻摩擦木头而生火。史载燧人氏发明钻木取火之法，《韩非子·五蠹》云："有圣人作，钻燧取火，以化腥臊，而民说之，使王天下，号之曰燧人氏。"

　　古人知用火烧吃食物后,如将食物放于篮子或葫芦中,在火上烧烤,容器便被烧掉了。于是以葫芦等作模型,发明了陶器,因此人便可定居。以前由于人需水,故须居住在近水地方,自有陶器后,人居住便可较为远水了,因水可由陶器保存。

三、殷商社会经济概况

1898年至1899年间，河南省安阳县的洹水泛滥，在冲刷出来的泥土中发现龟甲、兽骨，上刻文字，此为甲骨文之最早发现。近年来，据甲骨文的记载，吾人对商代社会经济生活有了可靠的认识。

1. 殷商为农业社会而非畜牧社会

近人在对商代社会经济情形的研究中有不同的看法，如郭沫若在抗战前著《中国古代社会研究》一书，指出据甲骨文载，商代人祭祀时用牛羊犬豕甚多，有多至用100头羊、300头牛祭祀一次者。郭氏便据此判断商代为畜牧社会。

但根据很多情形判断，商代当时已为发达的农业社会，而非畜牧社会，其证明有：

（一）据甲骨文记载可知，殷商时代气候暖和，且雨量极丰，冬天亦多雨，当时河南有象等热带动物生存。

（二）据甲骨文载，商人的历象知识（如二十四节气）已很发达。

（三）甲骨文中记载黍、稻等农产品较普遍（麦较少），并常有"卜黍受年"（即问卜收成是否丰富）、"其雨"（即问卜是否下雨，如下雨便快撒种）等字样，今发现问卜是否有雨之甲骨约有160片。

（四）商代人还知道将农产品进行加工，其中之一为造酒，分为祭酒、醴（即醴，甜酒）、鬯（香酒，较烈）等多种。又如商代最后之纣王荒淫无度，贪图享受，"酒池肉林"便可表明当时制酒业的发达。

由上述各原因，可知商代已为农业社会而非畜牧社会矣！

又，关于商代之农业生产，甲骨文中有"卜焚"字样。李剑农将其解释为是将田地上的野草烧掉，然后去耕田，此即所谓"火耕"，又可将草或木的灰作肥料（见其《先秦两汉经济史稿》）。《说文》云："焚，烧田也。"李剑农即与此同一意思。

但我对此问题有另外看法，《说文》与李氏之意不对。因为据王筠《说文句读》，"烧田"是烧宿草以田猎，"田"非种田，乃田猎也，烧了草以免野兽躲藏其中找不到。关于此点，亦可在甲骨文中找到证据。

抗战前中研院在河南安阳县从事地下考古发掘，发现有一片甲骨，上刻有："翌癸卯其焚禽，癸卯允焚，获兕十一，豕十五，兔廿。"由上述文字可证明，"焚"者乃烧宿草以田猎，而非烧草种田也。"其焚禽"意即在祖宗处问，烧掉野草后能否得到野兽，说可以去烧，便在"癸卯"这句，"允焚"即果然烧草了，"获"即表示获三种野兽的数量。根据此记载，可见商代人烧了野草后便可打猎了，故李剑农说非是。

公元前1760年至公元前1163年间，商代常换都城。据《史记·殷本纪》载，自契至汤八迁都，自汤至盘庚五迁都。由于商常迁都，有人便说这时期是游牧社会，非农业社会。此说非是，因为：

（一）商代自公元前18世纪至公元前12世纪，凡600年之久，其中迁都13次，平均下来并不算太频繁，与游牧社会之逐水草而居不同。

（二）照所了解的，农业社会为定居的民族，因长居一处才能种田。商代以国王为首常搬家，并非单只迁都，如此是否与农业社会的定居生活有矛盾呢？没有。因为人类在农业社会的初期也并不能定居，因生产方法落后，原始农民亦无化学肥料，土地经长时期使用便呈地力耗竭现象，故日久产量下降，便须另寻他处以耕种。

农业生产之三要素为土地、劳力与资本，如劳力、资本投入得多，便是"精耕"（intensive cultivation）；反之，劳力用得少，资本花得更少，农具也简陋，便是"粗耕"（extensive cultivation）。在原始社会时，土地多而人口少，多属粗耕。到了近代社会，同样面积的土地上人口大增，故不得不多用劳力，多投资，使用化肥与机器耕作，则成为精耕。

商代人民因不识改良土地之法，无水利，无肥料，无机器，亦不识改良品种，只是粗耕而已，故不免因地力耗竭而产量减少。当商代老祖宗发觉某块土地减产，因粮食不足而引起饥荒时，便只得另找一块新土地，使生产量增加，故放弃旧土地，而搬迁到另一块新土地上去。因此原始人民虽已进入农业社会，但仍不能长时期定居，实不足为奇也。

（三）原始人民部落本来多为一百人者，但过了30年后，人口增为一百几十，再过一代可能增至两百人。因此原来面积的土地不能养活增加的人口，故不得不搬到生产量较大的土地上去。此为原始时期农业生产者不能长期定居一地之另一原因。

在农业生产之外，商代亦有田猎。商代国王常打猎，据甲骨文记载，其中一次田猎的收获物计有鹿384头、野猪113头、野狼41头。

据统计，已见之七万余片甲骨中，有1 671片甲骨之卜辞为有关田猎的记载。在此1 600余片田猎卜辞中，计有19种不同的野兽，总数为6 431头。

由甲骨文记载可知，商代有如此多之田猎活动，可看出当时商人生活的中国北方有些地区为森林与草原，而非耕地，因为动物生长在森林与草原地带。因当时森林、草原地区多，野兽多，故农业生产地区面积远比现在为少。

2. 殷商工业生产情形

商代已由新石器时期进展到使用铜器,因为在甲骨文的地层,即河南安阳小屯发现白陶的地层中,同时也发现了青铜器。

此时期之铜器由铜、锡两种金属合成,故为青铜。因为自铜矿挖出的天然铜硬度不大,故需加入锡使之变硬,以使工业品耐用。商代人在太行山附近便可找到铜、锡矿。何以早期之人会用铜锡合金做工业品?此与当时生产技术发展程度有关。炼铜之火力不需太高,故当时可做到熔铜,但当时尚无2 000度以上之火力,故尚不能熔钢铁。此皆因当时生产技术落后之故,故铁器要稍后才有。

今日留存的商代铜器可分三类:

(一)兵器:弓、矢、戈、矛等(军事贵族用)。

(二)宗教祭祀用品:钟、鼎、鬲等(精神统治之僧侣贵族用)。

(三)装饰品:首饰、车饰、马饰等(贵族生活用,以满足虚荣心,并作为财富以保存价值)。

除了发现上述三类铜器外,至今尚找不出当时农民的生产用具是否用铜制成的证据。我们的看法是,一切铜器均为统治阶级所使用(已详述在三类中),反之,社会上的平民阶层对新发明的铜器无份。农民平民仍是以石器为用具或耕具,此因至今尚未找到铜制耕具也。由于统治阶级能控制新的生产工具及生产技术,而广大平民仍用落后的石器耕种,生产技术也落后,故为贵族阶级所统治。此即由用铜器及控制新生产工具的贵族,来统治用石器的、生产工具和技术落后的平民,故少数贵族阶级便可统治广大的平民也。

假定有二民族,一为铜器民族,一为石器民族,前者必打胜仗,便由前者统治后者,此亦为可能的假设。如传说中黄帝败蚩尤,因为黄帝当时已发明指南车,能在大雾中辨别方向,有了进步的工具,故能击败蚩尤也。

3. 殷商的财产继承制

殷商时代的财产继承制度并无留存记载可查,今且举商代的王位继承制度来推想财产的继承。王国维研究商代王位继承办法,发现是"兄终弟及",并非父传子、子传孙,而是兄传弟、弟死再传幼弟。据王国维查考,商代自汤至帝辛共29个国王,其中兄终弟及者共14人。如无弟可传,便传给弟弟的儿子,而很少传给哥哥的儿子。

由上述王位继承办法可推想到,当时财产的继承可能也有此种情形。可能因为当时的财产制度是氏族公有制,而非家族私有制,否则必父子相传了。当时氏族社会的大概情形如下图所示:

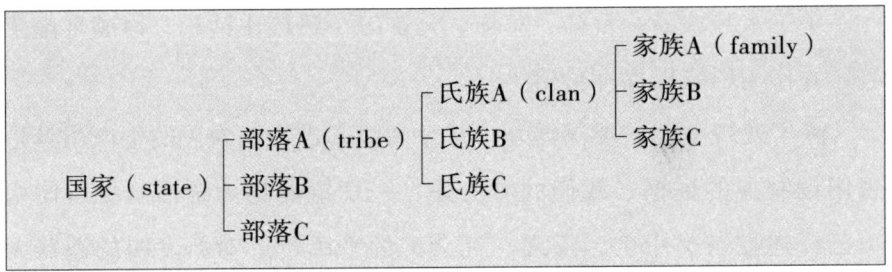

由商到周是过渡到长子继承的关键。当时曾发生大骚动,周公助成王杀管叔、蔡叔,才终于由兄终弟及制转变为长子继承制。

四、周代社会经济概况

1. 周人的农业生产

周民族最早在西北地区（关中）发展。据《史记·货殖列传》记载，关中"膏壤沃野千里"。由于此地土壤肥美，宜于农业发展，仰韶文化时期的彩陶即出现在西北的黄土高原，农业即由此发展。

据《诗·大雅·生民》中说，周初最早的祖先为女酋长姜嫄，生子后稷，为农业发明者。《诗·鲁颂·閟宫》中提到后稷教人民耕田云："黍稷重穋，稙稺菽麦。奄有下国，俾民稼穑。有稷有黍，有稻有秬。奄有下土，缵禹之绪。"由此可知后稷教人生产多种不同农作物，他可能受母教影响，故能教人稼穑。故姜嫄对周代农业也有贡献，可能原始民族的农业耕种便是先由妇女开始做起。

据人类学家所考，农业生产中性别的分工情形如下：

	男女分工时代	男人农耕时代
女子	用掘土棍　　→　　用锄 （digging stick，向前）（hoe，向后）	犁耕 （plough）
男子	田猎　　→　　畜牧 （hunting）（pasture）	

上述的发展过程，可能是由于男人强壮，故外出田猎；女人在地上找到野生果实吃，种子落地，翌年长出。故最初农业生产由妇女做成，用棍向前掘土下种。过了一段时期，男人发现动物可养大，便开始豢养牲畜，成为畜牧生活；同时妇女发现用锄向后挖土较易，此时农业仍由妇女做。过了很久，由女子的锄耕与男子的畜牛合并而成犁耕，遂进入男人的农耕时代。

由此亦可证明，当男人田猎时，女人已有农业生产，故一定要将田猎畜牧与农业耕种割成绝对的先后时期之说并不对。

此外，上述过程亦可说明两点：（一）周人最早的领袖为女人（姜嫄），为农业之鼻祖，其子后稷教民种田可能是由于母教。（二）因周民族在西北，故宜于农业生产也。

在西北地区发展的周民族，其农业生产已发展到用铜器作生产耕种之具。由商到周，铜器日益发展。当时之铜器，由在铜中加锡炼成，以使之硬度较大。《周礼·考工记》云：

> 金有六齐。六分其金而锡居一，谓之钟鼎之齐。五分其金而锡居一，谓之斧斤之齐。四分其金而锡居一，谓之戈戟之齐。三分其金而锡居一，谓之大刃之齐。五分其金而锡居二，谓之削杀矢之齐。金锡半，谓之鉴燧之齐。

可见当时各种器皿之金属含量各有不同。

在古代有两种不同的耕具，一为"耒"（状似树枝），一为"耜"（似锄）。商代人居住在安阳，所用工具为耒，而居住于西北地区的周民族所用的为耜。徐中舒在《耒耜考》（《历史语言研究所集刊》第二本第一分）一文中，认为周代的耜为铜制，因为《诗经》中在描写"耜"时有表示锐利的形容词，如"覃耜"（即锐利的耜）、"有略其耜"（"有略"即使之锐利）。故徐氏认为耜既锐利，则周时的西北人民可能用铜器作耜。

而当时商民族在黄河流域耕种，则仍用落后的耒（用木或石制成）。由于生产工具有进步与落后之差异，故周民族之生产能力增加而力量强，而商民族则生产能力少而力量弱，故商被打倒而建立了周王朝。此说极可能。

由于周人进展到用铜器作耕具，故耕具较重，须两人合作使用，叫"耦耕"，即二人用脚踩地挖土。如《诗·周颂·噫嘻》云："亦服尔耕，十千维耦。"又如《论语·微子》云："长沮、桀溺耦而耕。"

由于用铜制的农具耕土深，便成为"精耕"，故孟子有"深耕易耨"之语。于是在同样面积之土地上，生产量便增加了。

周代除使用铜器外，农民已开始利用水利灌溉来增加农业生产，此可从《诗·小雅·白华》中"滮池北流，浸彼稻田"一句证明之（"滮池"，水名，在长安西北）。可知周代的农业生产技术又进了一步。

2. 周代的井田制度

周代在土地分配方面是否有井田制呢？

《孟子·滕文公上》云："方里而井，井九百亩，其中为公田。八家皆私百亩，同养公田，公事毕，然后敢治私事。"

所谓"井田"，照孟子说，即将土地划分九块，成"井"字形，即一方里划成九百亩，每块百亩，中间的为公田，其余八百亩由八家各分耕百亩，由八家共同先耕公田，再耕私田。对《孟子》中所记的"井田"之说，胡适之在50年前曾著文表示怀疑。胡适说孟子为战国时人，所记的"井田"只是一理想，只是乌托邦，实际上并不存在。胡适又以为，当时井田如豆腐块般整齐，也为不可能。然而照人类发展演进的历史来看，则井田制很可能是有过的。

自井田制度可证明，当时土地是公有而非私有。人类对财产的所有权，最先在动产方面开始，如人死后将财物、饰物陪葬，证明其私有权。但土地私有出现的时间并不太早。

古代社会人口相对地少，土地相对地多，土地要人加劳力进去耕种、改良才有价值，没有加上劳力，土地便无价值，所以未经开垦的大幅荒地便无多大价值。要使土地能替人生产农作物，必先将土地加以改良，如土地为水所淹，则必先除水才可用，如土地上有林木，则必先除林才可耕。故最先能生产的仍为公有的土地，因此种公地为大众劳力开垦的结果。故人类在土地私有权出现之前，必有一土地公有的时期。井田制为土地公有，则表示当时尚未进展到土地私有时期，故很可能是存在的。

徐中舒在其《井田制度探源》（《中国文化研究汇刊》4卷）一文中，说明"田"字乃"田猎"之义。凡古代之"田"字，均有"田猎"之义。"囲"（甲骨卜辞中写作"▨"）即狩猎场所，四周为堤防，中有动物，包围之以便打猎也。又有"彊"（即"强"）字，旁有"弓"，打猎用，另一边为"田"，即"田猎"，上下有堤防。徐中舒根据这些字，说明古代东部大平原（即黄河流域及黄河以南之地）被划成一块块，并设立堤防以防止野兽走脱，好去打猎及畜牧也。人类进展到农业社会，利用原来的堤防，以沟封将土地划分成"井"字形，用作耕地。故徐中舒下一结论，认为井田制起码在东部大平原是存在的，此乃由田猎畜牧进展而成。

但有的地方并非大平原，即有名山大泽之处，便成为"圭田"（即不规则的"井"字田）了。《孟子·滕文公上》云："卿以下必有圭田，圭田五十亩。"此"圭田"原为名山大泽，即高低不平之土地，为贵族所有，而一般农民则耕种井田也。

《诗经》与《孟子》皆证明有井田。《诗·小雅·大田》云："雨我公田，遂及我私。"此即说耕田需要下雨，先雨公田，再而到自己的私田。由此可见，孟子以前已有关于井田制的记载。又《孟子·滕文公上》云"惟助为有公田",即实行"助"法才会有公田。

我人如研究西方经济发展史,可知欧洲中古时代有庄园制度(manor system)。每一庄园中有一块地,叫"领主自用地"(demesne),此地相当于井田中间之百亩一块,亦由领主保有。故中国古代很可能存在井田也。

《孟子》中记载了古代的三种租税制度:"夏后氏五十而贡,殷人七十而助,周人百亩而彻。"(《滕文公上》)即夏实行"贡"法,商实行"助"法,周实行"彻"法。其含义为:

"贡"——夏代每人耕种50亩,根据数年平均生产所得,即固定的租税率(fixed rate),农民将固定数量的农产品进贡给领主。

"助"——商代时每人耕种70亩,即在一大农场中,由领主分配田地给农民耕种。而农民须另外耕种公田,即农民要替领主耕种领主自用地,谓之"助"。孟子认为此法最佳,而"贡"法最劣。

"彻"——周代每人耕田百亩,即在一大农场中,大家共同耕种,所得农产品由农民与领主共享,即朱熹所说"通力合作,计亩均收"。

由《孟子》中的记载可知,有上述三种向领主纳税的方法。李剑农《先秦两汉经济史稿》一书中对此有详论,但他认为是先有"彻",次有"助",最后有"贡",可参看该书。

到秦孝公时,井田制度在商鞅变法中被废除。

3. 周代的商业与货币

周代已开始发展商业,如《诗·卫风·氓》云:"氓之蚩蚩,抱布贸丝。"依照此商业活动之记录,可知当时并无货币作为交换媒介(means of change),乃物物交换。然这只是最初之情形,经过一时期后，大家发现在市场上如无货币作交换的媒介则非常不便，所以有人开始用贝作货币。贝因在远海之内地甚为宝贵，故称"宝贝"，且耐用，可作女人之装饰品，有大价值，故用作交换的媒介。在甲骨文中已有记载，可见商代时已以贝作货币了。贝如用绳串住，叫"朋"，表示多数。如周代一铜器上刻铭文曰："遽伯睘作宝尊彝，用贝十朋又四朋。"意即作此铜器，购原料，付工资，共用去14朋贝。可见当时贝作为货币已有交换媒介之作用。

另一方面，铜器价值为14朋，以14朋亦可买得，此即当时之价值标准（standard of value），在贝中已表现出来了。中国在金属货币发行前用贝为货币，而西方民族则不同，有不少民族用"牛"作货币。其证明有：拉丁文中"pecunia"（钱）一词的词根是"pecus"，即牛；英文中的"fee"（费用）是自哥特语之"failn"（即牛）一词转成；印度语中的"rupee"（卢比）是自古代梵文中"rupya"（牛）一词转成。可见此三种文字中的"货币"一词中均有"牛"之义也。

此外，在古希腊有诗人荷马（Homer），其诗中常提及某物用多少"牛"买来，或某商品之价格为多少"牛"，则希腊的早期货币也是用牛。故可判断在金属货币使用前，人们曾用牛作为交换的媒介，故他们很可能过的是畜牧生活。当时牛为主要的财产，多而普通，故人人可接受以牛作为交换的媒介。

而中国并未发现货币之意义是自"牛"转成。"货"从"贝"，可见中国在金属货币使用以前是用"贝"。"物"字从"牛"，但并无货币的意义在其中。此因中国过去没有经过畜牧社会的阶段，也许有畜牧，但并不太普遍，故牛未发展为货币。而中国广大地区离海远，海边的贝壳运送到内地路远而宝贵，故成为货币。

4. 西周的封建制度与宗法社会

周得天下后，分封土地给诸侯，叫"封邑"（fief），或称"采邑"，等于西方国王将一块地封给诸侯，各诸侯再将分得之地分成数小块封给小封君，此即"封建"（feudalism）。诸侯自周天子处分得土地后，对其封土内之人民有统治权，人民要纳税、服兵役。同时诸侯对周天子亦要尽臣属之礼，要定期纳贡，周王对外作战时须出兵助战。

周王分封诸侯时，举行的典礼叫"锡命"，即周王赐给诸侯土地等物。据《诗·鲁颂》及《左传·定公四年》记载，周王分封鲁公时行"锡命"礼，鲁公自周王处得到土地、人民、百官有司、彝器（祭祀用）、车服百物等赏赐。鲁公得偌大赏赐后，须对周王尽臣属之礼，有义务助周王出兵，并定期进贡。且新周王即位时，各诸侯要朝见，参加典礼，并重新"锡命"。另一方面，如诸侯死，其子接替，亦需由周王重新"锡命"才能继续做诸侯。即任何一方死时，皆须借由"锡命"典礼重新订立契约关系。此种封建制度，主要是通过分封关系而产生的。

所谓"宗法"，即贵族按血缘关系分配封地与官位的规则。

贵族生数子，其中嫡长子称"大宗"或"宗子"，其余二子、三子等称"小宗"或"支子"。嫡长子又生数子，其中又有嫡、庶之分。

《礼记·大传》云：

> 庶子不祭，明其宗也。庶子不得为长子三年，不继祖也。别子为祖，继别为宗，继祢者为小宗。有百世不迁之宗，有五世则迁之宗。百世不迁者，别子之后也；宗其继别子者，百世不迁者

也。宗其继高祖者，五世则迁者也。尊祖故敬宗，敬宗，尊祖之义也。

故大宗"百世不迁"，小宗"五世则迁"。迁庙包括服丧、祭祀等责任。大宗永远要向老祖宗服丧、祭祀，如果是小宗，则过五代即可与老家族脱离，无服丧、祭祀之责任矣。

五、春秋战国时代社会经济概况

公元前770年,周平王东迁至洛邑,自此开始东周时代。其中自公元前770年至公元前476年为春秋时代,自公元前475年起至公元前221年秦始皇统一天下止,为战国时代。

中国古代经济最发展处均在黄河流域,但同样是黄河流域,其经济重心在春秋与战国时有所不同。大体言之,春秋时代之经济重心在黄河下游(山东半岛)之齐国,到战国时,经济重心即转移到黄河上游(即今陕西)之秦国。

春秋时代有所谓"五霸",其中齐国最强大。齐桓公称霸诸侯,其军力之强与其经济发展有密切关系,经济力量雄厚方能配合军事发展,故成为"五霸"之首。到战国后期,齐国军力虽强,但秦国已成为经济中心,故能配合军事力量来统一天下。于是秦统一中国,建立大一统帝国,秦始皇成为天下之领袖。

1. 春秋时齐国发展之情形

周初,周王封齐太公(即姜太公)于山东半岛。他发现该地经济落后,人口稀少,未能善加利用当地的经济资源,于是"通商工之业,便鱼盐之利"(《史记·齐太公世家》)。故齐太公为首先开发山东天然资源者。此外《史记·货殖列传》亦记载曰:"太公劝其女功(纺织业),极技巧,通鱼盐,则人物归之,襁至而辐凑。故齐冠带衣履天下。"又云:"齐带山海,膏壤千里,宜桑麻,人民多文采布帛鱼盐。"以上为齐太公在山东时的经济发展情形。

其后到春秋时,管仲相齐桓公,助齐发展,并"修太公之业",即继续齐太公之经济事业。由于管仲之努力,齐国因而富强,成为

"五霸"之盟主。

盐为日常必需品，人赖盐以生存，但盐非任何地区皆有，距海远之地不能以海水制盐（除非如云南、四川有井盐），故各国不得不向齐国购盐，因此齐国与各地之间发生商品交换和商业活动。由于盐的销卖，齐国商业得到极大发展。

海洋交通对齐也有大帮助，靠海运可运盐至多地售卖。齐国在山东，北至渤海，再上去为朝鲜及东北，向东为琉球及日本，为多岛海的地理环境。古代人民生产技术落后，航海船只极为简陋，航行距离不能太远，且速度慢，续航力短，故不能在大洋中航行。而多岛海因中途多休息之地，故原始时代之船也可航行。故山东拥有适宜发展早期海洋交通的有利环境，最宜于古代人民发展航海事业。

因齐靠近海，故较早有航海事业。例如齐国的邹衍，地理知识极丰富，提出"大九洲"（即九大洲）之说。此殆指齐国沿海有大海岛，故名曰"大九洲"，此学说即为"多岛海的宇宙观"，以多岛海为地理背景，发挥对于宇宙的看法。自邹衍之学说可判断齐国沿海已有人航海，不然此"大九洲"说即无产生之可能。

由于齐国航海事业发展早，故齐太公、管仲能先后发展工商业，其理由在此，故齐国成为春秋时代之经济中心。

齐国有两大商业都市。

其一为陶。春秋时在南方有吴王夫差与越王勾践的争战，越国失败，其后范蠡助越败吴。后范蠡辞职经商，地点即在山东南部之"陶"，范蠡遂有"陶朱公"之称。《史记·货殖列传》曰："陶，天下之中。"此并非说陶在天下之中间，而是说该地交通方便，四通八达，便于货物运输，故而成了商业中心。范蠡在陶经商，自称"陶朱公"，可见当时山东南部的陶已成为全国重要的商业中心。

另一商业大城为临淄。《史记·苏秦列传》曰:"临淄之中七万户,臣窃度之:不下户三男子,三七二十一万。"以上说明临淄城有七万户,以每户男子三人计,则男丁不下20万,连女子则有40多万,可谓极盛。又曰:

> 临淄甚富而实,其民无不吹竽鼓瑟,弹琴击筑,斗鸡走狗,六博蹋鞠者。临淄之途,车毂击,人肩摩,连衽成帷,举袂成幕,挥汗成雨,家殷人足,志高气扬。

春秋时代有数十万人之城市,已可称为工商业中心之大城市。如此大城市,人们不可能都耕种,则粮食何来?城市中人多靠工商业为生,赚了钱购买粮食以消费,故外地粮食需运入临淄,因本城不能自给自足也。该城人民娱乐丰富,可见其生活富庶,人们快乐,故志高气扬。

2. 秦国的兴起与强盛

齐国经济一度大盛,但后来渐渐被西方的秦取而代之,故卒由秦统一中国。据《史记·秦本纪》所云,秦国老祖宗非子善养马,周孝王知之,请其养马,马遂大增。周孝王以功封其一邑,即秦,为游牧部落,后来发展成秦国。至秦孝公时(前361—前338年),商鞅管国政,助秦富国,其政策称"商鞅变法"。其变法内容中与经济有关者如下:

(一)鼓励人口移民到秦国。当时三晋(即韩、赵、魏,在今山西省)人口相对多,田地相对少,有人口过剩现象。商鞅鼓励他们到秦国开垦荒地,并准外来移居秦国者三代免服兵役。

(二)废除大家族制,提倡小家庭制。《史记·商君列传》载:

"民有二男以上不分异者，倍其赋。"意即每家超过二男子而不分家者，租税要加倍。因为大家族不易发展生产，易产生互相依赖心理，小家庭则可鼓励人努力生产，故要改革为小家庭制度。

（三）鼓励农业与纺织工业发展，以增强国家经济力量。《史记·商君列传》云："戮力本业，耕织致粟帛多者，复其身（即可免役）。事末利（即投机取巧）及怠而贫者，举以为收孥（即收录其妻子，没为官奴婢也）。"

（四）改革土地制度，破坏井田的阡陌封疆。过去的井田制是每一方里分成九百亩，当时井田有阡陌封疆，即在田与田之间有封记的的疆界。商鞅将其破坏，使井田制度不复存在。因为井田制度实行时，一家人耕百亩，但有的人能多耕而无机会多耕，使生产不能增加。为了尽量发挥劳力，故将井田制度废除。

对井田之改革，非自商鞅始，其实鲁国之前已有改革也。据《左传》载，鲁宣公十五年（前594年）"初税亩"，即"履亩而税"，即按照田地亩数多少而收税。此表示在春秋时代，井田制度已有问题，鲁宣公时准许出卖土地，有的人土地增加了，可见井田制已被破坏。因为人人租税相同已不公平，遂按照土地多少来收税。据此推想，商鞅实为顺应当时社会经济发展的大潮流，当时已非平均百亩式的平分土地，故不如废井田之封疆，使赋税公平。《史记·商君列传》云，商鞅之法"行之十年"，使秦国"家给人足"，可见商鞅的政策使秦国经济力量大为增强。

在战国时代，秦国的水利工程有大发展。秦国强大后，常入侵山西南部的韩国，韩王遂委派水利工程专家郑国为秦兴建水利，以消磨秦之过剩精力。秦政府命郑国指导建设大沟渠，果然为建渠而征调壮丁，秦便无力外侵矣。后来秦发现郑国为特务，欲杀之，郑国承认此事，但说明开渠后对秦有大益处，结果不杀。渠建成后，可溉田四万多顷，因此使每亩田可收一钟（六石四升）。从《汉书·食货志》看，战国时李悝说"百亩之收，不过百石"，当时黄河流域的主要作物为粟，只能亩收一石。但郑国渠建成后，灌溉农田使亩收增至六石四升，较原来生产量增加数倍。故此渠之筑成，与秦国农业生产之增加有密切关系。

《史记·货殖列传》云："关中之地，于天下三分之一，而人众不过什三，然量其富，什居其六。"由此可见，关中占天下土地的三分之一，人口占全国的30%，而财富却占到全国的60%。可见秦已成为全国经济中心之所在地。

3. 春秋战国时代农业情形

上面讲齐、鲁及秦国，已涉及农业问题。到春秋战国时代，农业生产工具已大有进步。如果说周为铜器时代，则战国已进步到铁器时代。在春秋末期，长江下游之吴、越两国已知用铁铸剑。如干将为铸剑专家，用铁做成，作战效率特别高。可见当时铁器乃先用于军事，正与商代铜器之由贵族先使用相似。亦即等于今日之原子弹，先用于战争，然后才用作和平用途。故而可以想象得到，由铜器进展到铁器后，也是先作军事用途也。

据《管子》所记，当时耒、耜均用铁来做，《孟子》中也记有"以铁耕"。当时已有铁斧，对耕地面积之增加有大贡献，因其较铜斧锐利也，甚便于伐木。故春秋战国时代由于有了铁器，便可将丛林辟成土地以从事农耕。《左传·宣公十二年》云"筚路蓝缕，以启山林"，另一处称楚国先王"筚路蓝缕，以处草莽"（昭公十二年）。"筚路"即用柴车运输，"蓝缕"即穿破衣，"启山林"即开发之用以谋生和居住。又《左传·昭公十六年》记子产言其先辈"斩之蓬蒿藜藿而共处之"。由上述可见，春秋战国时代农业土地面积之增加，可能是由于进展到铁器时代的缘故。

在铁制的农具中，由耒、耜再发展便是犁，因犁重，故开始用牛拉。牛耕问题之证明有下列数点：

（一）《论语·雍也》中有"犁牛之子"，有人认为"犁"与"牛"连在一起，即用牛拉犁也。但何晏注云"犁，杂文也"，是一形容词，"犁牛"即有杂文而玄色的牛。证明此处的"犁"并非耕具，故不能用以证明用牛耕田。

（二）孔子学生冉耕字伯牛，有人据此言"牛"与"耕"发生关系。然而以此点证明牛耕之存在，亦有人质疑。因《论语》中并未说伯牛名叫"冉耕"，只见于《史记·仲尼弟子列传》。可能汉代时已普遍用牛耕，司马迁著《史记》时便将"牛"与"耕"连在一起，故此证据也不够充分。

（三）《国语·晋语》云："夫范、中行氏不恤庶难，欲擅晋国，今其子孙将耕于齐，宗庙之牺为畎亩之勤。"范氏、中行氏令其子孙去齐国耕田，用祭祀之牛到田中服役。此为春秋时已有牛耕之强有力证据。由过去之"耦耕"（二人合耕）进展到牛耕，可节省人的劳力。

除了铁器的发明和牛耕的使用外，农业其他方面的发展即为水利灌溉。如郑国渠之开发，使秦国亩收达到六石四升。韩国之所以有水利专家如郑国者，可能由于三晋为水利发展较早之地区。又，战国时魏人西门豹将漳水引到河北南部的魏邑邺（今河北临漳西），增加了当地的农产量。

由以上二事可见韩、魏水利事业之发达，秦国的水利亦相继地发展起来。后来秦占有四川（蜀）地区，派李冰为蜀守。据《史记·河渠书》载，李冰到四川后，发展当地水利工程，用以灌溉田地，结果使四川"水旱从人，不知饥馑"（即不必靠天吃饭，而靠人之努力可也）。由于水的供应充分，故农产增加，生活安居了。大体来说，战国前后的水利工程，最先在河北南部及山西发展，再而到秦，再而到蜀。水利在国内渐渐普及，因此土地的生产相对地增加了。

又，关于战国时代的农业生产，据《韩非子》记载当时有"粪田"，可判知当时农民已知用天然肥料（粪）肥田，使生产量增加。且当时人已重视农业研究，《汉书·食货志》载战国时李悝"尽地力之教"，意即研究发挥地力之学说与理论。

由上述春秋战国时代农业生产进步之情形，可想象当时粮食生产增加，可养活更多人，故人口增加与当时农业发展有密切关系。山东的临淄一城便有数十万人，即为人口增加之一例证。

同时，战国时战争规模大，出兵多，如赵军40万人为秦军一次坑杀于长平战役中，可见双方出兵之多。此为人口增加之又一例证。

春秋战国时期农业大为发展，则当时农民耕种所得是否自给自足？是否完全自己消费？

中国在战国时代，农民已非自给自足，因同时也为市场而生产。自战国开始，农民生产所得增加，有剩余农产品则拿到市场出卖，而不存留家中，此与农业生产力之提高很有关系。农民有剩余粮食到市场出卖，此可从《孟子》书中证之。《孟子·滕文公上》云：

> 孟子曰："许子必种粟而后食乎？"曰："然。""许子必织布而后衣乎？"曰："否。许子衣褐。""许子冠乎？"曰："冠。"曰："奚冠？"曰："冠素。"曰："自织之与？"曰："否。以粟易之。"

此段《孟子》所载是孟子与其学生讨论关于"为神农之言者"许行的问题。许行主张自耕而食，不要靠他人，孟子驳倒学生所问。证明当时之农业生产者，并非过自给自足之生活，乃以粮食换布帛，一部分为市场而生产也，可见当时已是市场经济（market economy）了。

春秋战国时代农民并非自给自足，而是将农业生产品拿到市场出卖，故田地视离市场远近而价值有高低之别。《史记·苏秦列传》载，苏秦为洛阳人，最初无官做，其嫂轻视之，后努力读书，晚上用锥刺股，终为六国相。再回洛阳，嫂重视之，苏秦问："何前倨而后恭也？"嫂答："见季子位高金多也。"苏秦遂喟然叹曰："且使我有雒阳负郭田二顷，吾岂能佩六国相印乎！""负郭田"即洛阳近郊之田地，可见当时若有洛阳近郊的负郭田二顷，生活便可富足。由于洛阳为大城市，为商业中心，农产品多拿到洛阳出卖，运费省，成本低，收入便增加，故洛阳近郊之田价值较一般为高。反之，远离市场之田，价值便相对降低。

此外又有另一故事，《史记·货殖列传》云："……及名国万家之城，带郭千亩亩钟之田，若千亩卮茜，千畦姜韭，此其人皆与千户侯等。""带郭"者，在大城附近的田地也。上述《史记》所载，意即假如有一人在万户之大城，有近郊之田千亩，每亩收一钟，又靠近城市，因城市消费大，便有良好收入，乃至与千户侯相等。

今有A田与B田，A田距大城近而B田距大城远，故虽生产量相同，但A田价值比B田为高。因B田距城远，生产物运费高，A田近城，运费低，成本减轻，故B田之价较低。同样，田租亦然，近城者田租较高。在春秋战国时有不少农民将生产物拿到城市去卖，并非自给自足，所以近城的田价值较高，由《货殖列传》可证明。

4. 春秋战国时代工业情形

春秋时山东的齐国早已发展工业，齐太公煮海为盐，并发展纺织工业。除山东外，别处也有盐的生产和出卖。如《管子·地数》中说及当时的煮盐工业，除齐国外，尚有今河北辽东地区的燕（近天津，在渤海旁），也煮海水为盐。

又，《史记·货殖列传》中说到山西有池盐，当时称为"盬盐"。山西有人叫猗顿，靠制盐发财。又说到有齐国人刁间煮盐卖，利用"桀黠奴"（即狡猾而聪明的奴隶），命其煮盐去卖。

春秋战国时代，冶铁工业也极发达。当时的农民需铁做农具耕田，故铁的使用量极大，开矿冶铁的人生意极好。据《史记·货殖列传》记载，春秋战国时有许多冶铁工业家发了大财，如四川卓氏：

> 蜀卓氏之先，赵人也，用铁冶富。秦破赵，迁卓氏。……致之临邛，大喜，即铁山鼓铸，运筹策，倾滇蜀之民，富至僮千人，田池射猎之乐，拟于人君。

又如四川程郑：

> 程郑，山东迁虏也，亦冶铸，贾椎髻之民，富埒卓氏，俱居临邛。

又有河南孔氏：

> 宛孔氏之先，梁人也，用铁冶为业。秦伐魏，迁孔氏南阳。大鼓铸，规陂池，连车骑，游诸侯，因通商贾之利……家致富数千金。

此外尚有山东曹邴"以铁冶起，富至巨万"，河北郭纵"以铁冶成业，与王者埒富"。

以上为《史记》所举当时冶铁工业家，并可见其发展地区。春秋战国时，最早发展冶铁业的地区在黄河中游（河南北部、河北南部），如河南、河北之间的赵国。依上述所记，河北、河南、山东、四川等地冶铁工业均十分发达，其中尤以河北、河南为冶铁工业中心之所在。根据《史记·货殖列传》所记，可得出下列三结论：

（一）春秋战国时代已由铜器时代进展到铁器时代，铁器成为农民之必需品（作耕具、烹器）。故冶铁业大盛，生意好，使冶铁者发了大财。

（二）当时冶铁业发展地区在魏、赵之间（即河南、河北等地），山东也有，即黄河流域为最先发展冶铁的地区，同时秦国到落后地区（如四川）去开采铁，故冶铁业在春秋战国时代大为发展。

（三）中国在春秋战国时代，除以农业谋生者外，有一部分人靠工业制造及矿产开采谋生。

5．春秋战国时代的商业与货币

山东的齐国多海岛，易于航海，故商业最早发展。此外，因齐最先发展煮盐工业，运销各地，故商业发达。因此有大城市如临淄，有40多万人口，与其商业之发展大有关系。

又如山东南部之陶，范蠡以之为"天下之中"，因其交通方便，商品容易集中。范蠡隐退后到陶经商，成巨富（见《史记·货殖列传》）。又，孔子学生子贡经商成功，孔子极为赞赏。可见在齐鲁从事商业活动十分流行。

稍晚，在黄河中游，商业也有发展。在河南（近黄河地区）有郑国，为大平原所在，交通便利，商品交换发达。此可自郑国名商弦高故事见之。据《左传》载，鲁僖公三十三年（前627年）秦兵偷袭郑国，郑国商人弦高运商品到外地卖，见秦来攻，便伪装为郑国使臣，以十二条牛、四张熟牛皮慰劳秦军。并说：我们郑国君主知道你们已来，故送礼物来慰劳你们。一面派人密告郑王秦军来袭，以做好防备。秦知偷袭之阴谋已破，只得撤兵。由此可推想，当时在河南北部的郑国，因为交通方便而成为商业中心。

又，洛阳（东周国都）亦为商业中心地区。苏秦曾说在洛阳近郊有负郭田二顷便可生活富足，表示洛阳为大市场所在地，故亦为大商业中心。此由于其人口多，且交通方便。

据《史记·货殖列传》记载，洛阳人师史"转毂以百数，贾郡国，无所不至"，"能致七千万"。即师史为运输业领袖，靠运输业发财，交通工具（车辆）极多，财富达七千万。

又，《史记·货殖列传》载："白圭乐观时变，故人弃我取，人取我与。夫岁孰取谷，予之丝漆，茧出取帛絮，予之食。"此说在洛阳活动的白圭，从事投机生意，喜见市场的变化，用"人弃我取，人取我与"的方法，丰年收购粮食，抛售丝漆等，因此时谷贱而丝漆贵，荒年时则收购帛絮而抛售谷。白圭善于观察市场的供求关系，进行投机买卖。

可以想象，洛阳为当时的大商业中心。

春秋战国时代货币已十分常见，且种类繁多。《史记·平准书》"太史公曰"中云："农工商交易之路通，而龟贝金钱刀布之币兴焉。"今照太史公所记数种货币略谈之。

（一）贝：自商周始已为货币，作为交换媒介流通甚广。后来演变成另一种钱，叫作"蚁鼻钱"，用铜制成，春秋战国时在河南南部流通。

（二）龟：即龟壳。《周易·爻辞》云"十朋之龟"，"朋"即贝的多数，一连串的贝叫"朋"，正如钱之"贯"或"缗"，为货币之计算单位。

（三）刀：用铜做成之刀形货币，在齐国流通。

（四）布：非今日做衣之布匹，而是一种用铜做成的铲形货币，在三晋流通。

（五）金：即黄金，为价值较大之货币，自《战国策》及《史记》中可得证据。《战国策·齐策》中云"象床之值千金"，意即象牙做的床价值千金，可见价值贵重者用"金"表示，作为价值标准。又《史记·孟尝君列传》中云"狐裘值千金"，"家富累万金"，可知金在战国时代已是一种价值贵重之货币。"千金"者，千斤金也，"万金"即万斤金。古之一斤小于今之一斤，汉代时一斤金等于一万钱。

（六）钱：用铜制成，最初叫"圜"（内外皆圆），后来变成外圆内方，叫"钱"，周秦时在河南西部及山西流通。《国语·周语》中记有周景王铸钱之事：

> 景王二十一年（前524年），将铸大钱。单穆公曰："不可。……今王废轻而作重，民失其资，能无匮乎？若匮，王用将有所乏，乏则将厚取于民。……绝民用以实王府，犹塞川原而为潢污也，其竭也无日矣。……"王弗听，卒铸大钱。

日人加藤繁认为此传说颇可怀疑，可参看其《周景王铸钱传说批判》一文。其实照当时的情形看，此应为可信的货币制度。铸大钱所用的铜，照倍数比例看，并没有比小钱多（小钱一文，大钱十文或百文）。可能因为当时通货膨胀，铸小钱对财政无好处，故由于财政困难而铸大钱，因用铜比铸小钱省也。于是无形中使政府财政收入增加，因流通的钱数量增加了，但同时也无形中使钱的价值降低了，人民的购买力也减小了。故此种大钱是为弥补财政亏空，不必怀疑其不存在也。

除了上述所提到的各种货币，据《管子》记载，当时尚可见到实物货币。《管子·治国》云："秋籴以五，春粜以束（束，十四），是又倍贷也。"可知春秋战国时，粮食的收购用布帛为交换媒介，即实物货币仍存在，与铜制的刀、布、钱等金属货币并行。大体上说，经济落后的地区用实物货币，而在工商业较发展的地区则用金属货币。

春秋战国时代的货币之所以不统一，乃由于当时政治上不统一，即战国时有"七雄"，不同的政权货币也不同。

"九一八"前后，上海出版的《读书杂志》中有"中国社会史论战"专辑，其中有多位作者说，春秋战国时期中国已进入资本主义社会阶段。据《史记·货殖列传》记载，春秋战国时已有规模极大的工业，但此时中国是否已进入资本主义社会，则值得讨论。

德国经济学家桑巴特（Werner Sombart）将"资本主义"一词定义为"以使用资本为特点的一种经济制度"。资本主义的精神即拼命赚钱，何以故？大公司要设法赚钱，才能维持下去，否则便要倒闭，即每一企业要合理化，计算投资的盈亏。资本主义的组织形式为股份有限公司，其特点为资本所有权与管理权分开，管理权由董事长或经理掌握。资本主义制度下，劳资关系是自由的，劳动者有自由的身份，与企业间通过契约发生关系。资本主义社会以科学为基础，以科学技术进行生产，其特点为机械化与自动化。而资本主义以前则是由师傅传授徒弟，技术偏重于个人经验。

了解资本主义的内容后，再来看春秋战国时代，则可知那时并非资本主义社会。因当时并无股份有限公司,而是由奴隶进行生产,如齐国利用"桀黠奴"去做买卖,并非自由的劳动者。此种奴隶生产所得为奴隶主人所有,并无与资方签订的契约,而是在强迫之下为主人做工。此外,当时在生产技术方面并未科学化,也无机械化、自动化的生产。故中国在二千年前并未进入资本主义之社会阶段可明矣。

6. 春秋战国时代的经济思想

在先秦诸子中,对经济问题的讨论有一很大特点,即对赚钱不屑一提,大家均持消极反对态度。

《论语》曰"子罕言利"(《子罕》),孔子对物质生活很淡泊,大赞颜回曰:"一箪食,一瓢饮,在陋巷,人不堪其忧,回也不改其乐。"(《雍也》)孔子又轻视富贵,说"不义而富且贵,于我如浮云"(《述而》),故无资本主义的营利精神。又反对樊迟学稼,斥之曰:"小人哉,樊须也!"(《子路》)

又,孟子答梁惠王曰:"王何必曰利?亦有仁义而已矣。"(《孟子·梁惠王上》)故孟子亦不在乎"利",而主张清心寡欲。

墨子提倡"节用""节葬"和"非乐",对"利"也持消极态度,主张"桐棺三寸,服丧三月"。

老子提倡"知足""寡欲"和"无欲",对物质生活的情形也很淡泊,如说:"五色令人目盲,五音令人耳聋,五味令人口爽。"又说:"难得之货,令人行妨。"(《道经》十二章)

可见上述三大派思想对物质欲望皆不敢拼命追求,造成对后代之影响,如董仲舒说"正其谊不谋其利,明其道不计其功"(《汉书·董仲舒传》),宋明理学家则将"天理"与"人欲"分开,认为"减得一分人欲,便是复得一分天理",人欲尽净,然后天理流行。

此均为受先秦思想之影响也。

而近代资本主义之所以发展,最大目的便是满足物质欲望,如亚当·斯密(Adam Smith)之《原富》,主要便是讲生产财富以满足欲望。故近代资本主义的精神为冒险投资,而先秦三大派领导学者对经济均采取消极态度,故不易使经济繁荣。

"经济循环"(economic cycles)者,即经济情况周而复始地在变化,由繁荣时期到恐慌时期、不景气时期,再经复原时期而回到繁荣时期,如此周而复始,循环不息。恐慌时期是生产品多,卖不出,工厂倒闭;不景气是指物价低,工人失业,人民贫穷;复原时期则是价格由低而提高,转向繁荣。此即现代经济社会的变化。

在春秋时代,据《史记·货殖列传》记载,当时的经济也是循环式的变化。《货殖列传》中说到白圭,曰:"太阴在卯,穰,明岁衰恶。至午,旱,明岁美。至酉,穰,明岁衰恶。至子,大旱,明岁美,有水。至卯,积著率岁倍。"即白圭根据每年不同的经济情况而处理经济事务。又有范蠡之师计然,归纳历年情况为:"六岁穰,六岁旱,十二岁一大饥。"即每隔六年有大旱,隔十二年有大饥荒。照钱穆先生在《先秦诸子系年》中所说,"计然"为范蠡著书的篇名,则上言为范蠡所说。至少可见当时社会经济有天时循环的周期性变化。

春秋时代为农业社会,大多数人为农民,故农业收成之好坏对大多数人的生活有很大的影响。故当时对农业经济有兴趣者,便对农业社会进行观察和讨论。可以想象,虽然大多数人为农业人口,但除农民外,还有手工业劳动者和商人。然而不管任何阶层的人,农业人口对全体人民都有深切影响。因为当时主要所得均从农业得来,工商业虽不从事农业生产,然而丰收与否对工商业也有深切影响。农人从事生产，便有钱可购买多种东西来享受，市场便可大加繁荣。如遇旱灾，农业收成不好，农民所得便大减，在市场上便无购买力或购买力很低，买不起工商业品来享受，工商业便衰落、亏本，便引发经济恐慌及不景气了。故在农业社会，农业收成的好坏是基本因素，此为白圭与范蠡对农业收成的好坏特别加以观察研究的主要原因。

不过中国古代的经济循环，不能与西方的相比，二者并不完全相同。西方经济学者是根据今日西方社会研究所得作出结论，故与中国古代之实际情形不同。

以物价言，如工商业品价格涨了，工商业经营者便赚钱，便繁荣。反之，生产过剩，产品则销路不好，价格便跌低。在以农业为主的春秋时代，物价变化与今日不同。当农产品丰收，粮食太多时，价格便降低，但农民收入所得仍是增加，农民仍可繁荣。反之，如遇灾时，农业收成不好，粮食产量大减，价格便上涨，但对农民却没有好处，因收到的粮食太少。故粮食价高对农民亦无好处，对于农民而言为不景气，此情形与现在工业社会不同。

在农业社会中，除农民外尚有工商业人口。可以想象得到，农产品价高时，工商业者之所得也减少，也非好事。因为工商业者主要的主顾为农业人口，由于收成不好，农民购买力低，买不起工商业品，故工商业者收入便大减。因此农业也可影响及于工商业者。

此为中国古代社会周期性变化与今日西方工业社会最大之不同。

7. 春秋战国时代的家族制度

春秋战国时社会经济情形约如上述，今再略谈家族制度。

春秋战国时，大家族制度日趋衰落。大家族的维持依靠两大观念，即丧服与子孙繁衍，然而在当时都开始动摇了。

春秋时代，"三年之丧"的观念渐趋动摇。孔子极力提倡"三年之丧"，然而孔子弟子宰我对"三年之丧"表示怀疑，认为一年便够了。《论语·阳货》中记载：

> 宰我问："三年之丧，期已久矣。君子三年不为礼，礼必坏；三年不为乐，乐必崩。旧谷既没，新谷既升，钻燧改火，期可已矣。"子曰："食夫稻，衣夫锦，于女安乎？"曰："安。""女安则为之！"

此即代表当时人对丧服之礼的新观念，是大家族制度要破坏之象征，因为丧服之礼是维持大家族制度的基本要素。

子孙繁衍的观念也开始动摇。大家族中的子孙，依赖性极强，自私心亦大，不努力生产，故不免于衰落。尤其在都市中的家庭，人口更有减少情形。《孟子·梁惠王上》载：

> 梁惠王曰："寡人之于国也，尽心焉耳矣。河内凶，则移其民于河东，移其粟于河内。河东凶亦然。察邻国之政，无如寡人之用心者。邻国之民不加少，寡人之民不加多，何也？"

说明当时人口普遍无增加，因为当时大家不愿繁殖人口，以免负担增加，故大家庭没落，有变成小家庭的趋势。

至于家族财产继承办法方面，周代的王位是长子继承，财产也是长子继承，变成家族私有之情形。可是到春秋时，在楚国是由少子继承家产。因为楚有不少天然资源尚未开发，土地未曾开垦，故家族中之长子成为壮丁后，便向外去开垦耕地，去开发天然资源。大儿子出门去了，故父母死后，由少子继承家产。楚国王位亦由少子继承，与周代传给长子不同。

结　论

一般人以为，中国过去社会经济均长时期停滞不进，但由上述讨论，可知中国古代仍有大变化。

（一）地理方面：中国民族最早在西北黄土高原发源，再进展到东部大平原，后来又有楚国开发长江以南，故地理范围不断扩大。

（二）生产方式方面：最早的老祖宗靠打猎为生，再进步到农业社会的生产方式。以打猎为生时，因为食物少，不能多生产，故生活苦，人口少。等到开辟土地耕种时，食物有了可靠来源，于是粮食增加，生活提高。

（三）生产工具方面：由上古的石器进展到商周时代的青铜器，再而进展到春秋战国时代的铁器。用石器为工具，工作效率低，生产量少。用铜器、铁器时，因其较锐利，易于垦荒、伐木，故生产量增加。

（四）土地制度方面：由最初土地公有的井田制度，进展到秦孝公时商鞅变法后的土地私有制，为社会上一大变化。

（五）财产及王位继承方面：商代兄终弟及，为氏族公有制，到周代为嫡长子继承制，亦有变化（楚国则王位及普通家庭之财产皆由少子继承）。

（六）商业方面：最初无货币，人类过物物交换的生活，以其所有，易其所无。后来以货币作交易的媒介，即由无货币进展到有货币，由实物（贝壳）的货币进展到金属（铜）的货币。

由上述六点可知，中国古代社会经济决非停滞不进也。

第二章

秦汉社会经济概况

秦汉时期包括秦代（前221—前207年）、西汉（前206—8年）、王莽（公元9—22年）、更始皇帝（公元23—24年）及东汉（公元25—220年）。故本章所讨论的主要是公元前3世纪初到公元后3世纪初的社会经济情形。

一、秦代社会经济概况

秦始皇二十六年（前221年）统一天下，战国时原有七强国，六国被吞并，从此中国有了大一统的帝国政权。此大一统政权出现后，经济制度也统一了。统一前各国度量衡制度不同，货币、文字不同，道路宽度也不同，此时均趋于统一化，所谓"车同轨，书同文"。春秋时虽已使用铜制货币，但各地形制不同，有刀形，有铲形，有圜，有钱，秦始皇亦统一之，发行新货币，叫"半两"，价值大的则用黄金。此为秦始皇统一后的社会经济情形。

秦始皇时发行的"半两"钱以重量作名称，故称"量名钱"。外国也有此种情形，如英国13世纪时发行的英镑（pound sterling）即由一磅重的银子铸成，便士（penny）为一磅的二百四十分之一，即由二百四十分之一磅的银做成。又如法国的里弗（livre）是由一磅重的银铸成，均是按照重量来称呼。到北魏太和十九年（495年），改革量名钱制度，叫"太和五铢"（一两的二十四分之一叫"一铢"，汉代的"五铢钱"也是量名钱），是用年代来作钱币之名的。自唐宋开始，即以年代作为钱币之名，如清代的"道光通宝"与"咸丰通宝"等，称为"年代钱"。

秦始皇统一天下后，货币、度量衡、文字、道路等皆统一。又发展国内交通，建筑驰道，宽50步，每隔三丈种一树，使"车同轨"，交通便利。又对工商业采取奖励政策，如《史记·货殖列传》载，巴蜀有寡妇清，在四川开采丹砂发大财，清死，秦始皇为之建"女怀清台"以纪念她，表示奖励实业的发展。于是在各种良好的条件下，工商业亦有进步。

但秦为专制集权，人民在专制集权下生活，在经济方面感觉到种种困难，由于弊病丛生，遂引起人民暴动。秦何以倒台如此之速？根据《汉书·食货志》之记载，其原因如下：

（一）土地问题：由于井田制度被破坏，引起土地分配的不平均。《汉书·食货志》云："（秦）用商鞅之法，改帝王之制，除井田，民得卖买，富者田连仟伯，贫者亡立锥之地。……或耕豪民之田，见税什五。"古代以农业为主，土地为主要财富，过去土地比较平均，今则分地不均，贫富悬殊，无田地者收入减少。农民租耕豪民（地主）的田产，要纳50%的税给地主。此为井田破坏后，因土地不平均而造成的后果。

（二）徭役问题：在秦的集权制度下，人民负担太重。《汉书·食货志》云："又加月为更卒，已复为正，一岁屯戍，一岁力役，三十倍于古。"秦以专制压迫人民，加重徭役。每一壮丁每年要服一个月的"更卒"（即在郡县服务的劳役），继而为"正卒"（即到首都咸阳服务），接着又要到边疆守卫国土一年，大体为过去的三十倍，可见当时徭役的繁苛。

（三）租税问题：《汉书·食货志》云："田租口赋（人头税），盐铁之利，二十倍于古。"上述各税均比过去为重，为过去的二十倍。

由于上述三点，贫苦人民的生活水准大大降低，故《汉书·食货志》云："贫民常衣牛马之衣（北方天冷，牛马有衣裹身），而食犬彘之食。"再加上集权政府的压迫，故秦政权被打倒。

二、汉代社会经济状况的变动

据《汉书·食货志》记载,汉平帝元始二年(公元1年)时,全国人口有5 900余万,为同时代世界人口最多者,当时罗马帝国人口也不及中国之多。

这些人口在地理方面的分布,在长江以南者有380余万,占全国人口的十五分之一强。根据分布情形,可知当时中国人口大多集中在北方。人口多,即劳动力多,如无劳力开辟,田地纵多也无用,而人口多之处,生产能力自然增加。故由人口分布可判断全国各地经济发展之情形。生产增加后,人民生活程度提高,政府才可向人民征税。

汉代全国行政区域之划分是以郡国(相当于省)为单位,共有103个郡国。其中长江以南只有14个,占全国的七分之一,大部分郡国均在北方。因为长江以南人口少,土地开发少,生产少,租税少,故不能支持太多的郡国组织的设立(一说长江流域只有三郡)。人人需要衣食消费,人口多的地方消费多,生产多,表示经济较为发展。当时全国经济最发展的地方在北方。

1. 曹参"无为而治"

秦仅经过15年的统治即倒台而成为汉。汉初,由于长时期内战的破坏,生产大量减少,经济状况萧条。据《史记·平准书》载,因长期的内战使马匹大为减少,当时连皇帝也无法使用"钧驷"(毛色纯一的驷马)的交通工具,文武将相等高级官吏要坐牛车。《平准书》中又说各地粮仓皆空了,物价贵,生活水准高,一石米涨至万钱,马一匹值百金。当时全国经济如此困难,政府为解决此种民生困苦的状况,便采用道家办法治理天下。

据《史记·曹相国世家》载，当时齐国之相曹参，见齐地人民生活不安，便请教道家的盖公。盖公说"治道贵清静而民自定"，人民生活安定，自可努力生产了。曹参接受盖公之建议，让人民有自由放任的机会来从事经济活动。过了九年，齐人口大增，生产也增加。此为曹参在山东"无为而治"的结果，太史公赞曰："参为汉相国，清静极言合道。然百姓离秦之酷后，参与休息无为，故天下俱称其美矣。"

萧何死后，曹参继其为中央政府之相，将在齐国九年来所推行的"清静无为"的办法用之于全国，使人民均安定而增产。此种"无为"及自由放任之政策实行后，全国各地之人口及生产均有增加，其影响可见诸《史记·平准书》："汉兴七十余年之间，国家无事，非遇水旱之灾，民则人给家足，都鄙廪庾皆满，而府库余货财。京师之钱累巨万，贯朽而不可校。太仓之粟陈陈相因，充溢露积于外，至腐败不可食。"由于"清静无为"及自由放任的政策，汉取政权七十多年后，家家富足，城市郊外及乡下的仓库皆装满了，而政府国库收入亦增加，马匹也大量增加。

上述生产增加、经济富裕的情形，为曹参长期实行"无为而治"的结果。但另一方面又有贫富悬殊及兼并之事发生，即有办法者土地越来越多，遂出现土地兼并了。

2. 武帝的经济政策

汉开国七十多年后，汉武帝时（前141—前87年）出现土地兼并及贫富悬殊现象，是自由放任和"无为而治"政策的后果。当时儒家力量强大，儒家认为土地问题严重，所以董仲舒向汉武帝建议"限民名田"（"名田"即以名占田）。过去因为政府不干涉，于是大地主多了，故今限制人民不得占田太多，以免贫富悬殊。

《汉书·食货志》载，汉哀帝时（前7—前1年）儒家大臣师丹也向政府提出"限田"的建议，哀帝下诏规定"吏民名田皆毋过三十顷"。

此种限制人民"名田"的法令，为政府干涉人民的土地政策。但由于当时地主阶级力量强大，大力反对，故哀帝之诏令不久便不再实行了。

自从武帝开始，政府所采取的即为儒家的"限田"政策，又以政府干涉为特点，与道家的自由放任、清静无为不同。

汉时有匈奴侵边，武帝时与其长期作战，战争费用极大。开支增加后，财政无法支持，故不得不实行功利主义政策，来增加财政的收入。其最大特点为政府干涉人民的经济活动，其中最主要者为盐铁国营。盐为生活必需品，铁为制农具所必需者，销路也较好，故开铁矿、制铁器的也可赚钱。现在政策改变，盐铁收归国营，不让私人经营，以增加财政收入，此亦为自由放任与清静无为政策的改变。

武帝又实行"均输"政策，由政府运输商品到河套地区出卖，以避免商人操控物价，否则政府要干涉。据《汉书·武帝纪》载，武帝时禁止商人对土地有所有权，又增加商人的租税负担。此皆为对商人的干涉政策。

三、汉代农业情形

汉代时中国约有6 000万人口，表示农业有进步和发展，生产粮食较多。汉代农业在生产技术方面，有"代田"与"区田"之法的发明。

汉武帝时，搜粟都尉赵过发明"代田"的农业生产方法，《汉书·食货志》云：

> 一亩三甽。岁代处，故曰代田，古法也。后稷始甽田，以二耜为耦，广尺深尺曰甽，长终亩。一亩三甽，一夫三百甽，而播种于甽中。苗生叶以上，稍耨陇草，因隤其土以附苗根。……比盛暑，陇尽而根深，能（耐）风与旱……一岁之收常过缦田亩一斛以上，善者倍之。

即将一亩田分成三块，轮流耕种，使土地有休息之机会，以恢复其生产力，如此可比普通的田每亩多收一斛，甚或倍之。

另一种生产方法是汉成帝时（前33—前7年）三辅（即京畿及附近地区）教田官氾胜之的"区田"。《齐民要术》中对此法有详细记载，即将田地分成一个个的区，按区施肥，其中有些区休息不种植，有些区下种生产。如此可集中改善某几区的土地，易于集中灌溉和施肥，故产量可较多。此书载当时生产情形曰："亩收百斛，丁男长子治十亩，十亩收千石。"

上述的"代田"与"区田"为汉代农业生产技术改良的情形，今再略述水利灌溉发展情形。

当时长安是首都，有大量人口，故水利灌溉事业极发展。陕西有泾水、渭水，汉武帝时郑当时引渭水穿渠，称"郑渠"，可溉田万余顷。政府又利用泾水，由赵中大夫白公建议，故又称"白渠"，可溉田4 500顷。由于水源的充分供应，产量增加，故靠近郑渠、白渠之田地价高，成为地主阶级收买土地的目标，以增加其收入。

如汉成帝时有大地主张禹，《汉书·张禹传》云："及富贵，多买田至四百顷，皆泾、渭溉灌，极膏腴上贾。"张禹富贵后买田400顷（4万亩），成为大地主，不但田多，且有充分的水利灌溉（由泾水、渭水灌溉），因为在郑渠、白渠旁边也。此种田肥美而价高，据《汉书·东方朔传》，"其价亩一金"，每亩田值一斤金，即当时之万钱。据《史记·孝文帝本纪》，汉文帝曾说"百金，中民十家之产也"，即每一中产之家约有十金，即十万钱也，故张禹的财产等于4 000个中等人家的家产。

除了少数地主阶级之外，大多数农民的生活情形则为另一番景象。《汉书·食货志》载晁错云：

今农夫五口之家，其服役者不下二人，其能耕者不过百亩，百亩之收不过百石。……当具有者半贾而卖，亡者取倍称之息，于是有卖田宅鬻子孙以偿责者矣。而商贾大者积贮倍息，小者坐列贩卖，操其奇赢（颜师古注："奇赢，谓有余财而畜聚奇异之物也。"），日游都市，乘上之急，所卖必倍。故其男不耕耘，女不蚕织，衣必文采，食必粱肉，亡农夫之苦，有仟伯之得。

汉景帝时，晁错对占人口大多数的农民曾作如上描述，即说农民受市场的影响，商人通过市场的关系压迫农民。商人在农产品多时压低为半价收买，货少时则提高价格出卖，即农民吃亏，商人则买贱卖贵。农民受此影响，在高利贷压迫之下，遂破产矣。故二者生活，商人享受，而农民困苦。晁错又说："今法律贱商人，商人已富贵矣；

尊农夫，农夫已贫贱矣。"当时虽重农抑商，但农人贫穷，商人却已富贵矣。

于是晁错提出"重农"与"贵粟"（粟即小米，为黄河流域主要粮食）之主张，作为具体办法。《汉书·食货志》云："贵粟之道，在于使民以粟为赏罚。今募天下入粟县官，得以拜爵，得以除罪。"即送粟给政府后，可得爵位，可免役、免罪。但晁错此办法只对地主有利，而对农民无益，因农民已无剩粟贡献给政府，故得到拜爵特权的只是大地主而已。故《食货志》又云："夫能入粟以受爵，皆有余者也。取于有余，以供上用，则贫民之赋可损，所谓损有余补不足，令出而民利者也。"

依上法，贫民可免纳赋税，因地主已将多的粟给政府了。汉代政府接受此建议而实行之，于是政府财政收入增加，对贫民的赋税亦减轻。孝景帝前元二年（前155年）时，因政府收入之粟增加，于是规定人民所纳田租由十五税一减为三十税一。但严格说来，此种减租政策之下得好处较大的仍为地主阶级，而非农民。因地主田地多，纳田租亦多，今减为三十税一，故得益者仍为地主，而农民田地少，得到减税的好处也就相对地少了。

由于上法发生问题，汉元帝时（前49—前33年）贡禹又提出另一办法，即主张废除钱币而重谷帛。因为没有钱，就不必再表示价格的高低了。另一理由是，钱由铜做成，造币需开铜矿，每年有十万人从事此种工作，此等人不耕田，均为"弃本逐末"（"末"指放弃农业而去开矿、铸钱及做买卖），影响到农民生活。故贡禹主张以后之租税及禄赐不用钱，均用布帛与谷，由此可重视谷帛。此为开倒车的办法，当时货币经济已发展，非用钱不可，故此法无法实行。

四、汉代工业情形

据《汉书·地理志》载，汉代有八郡设有工官，计河南省有河南郡、南阳郡、颍川郡及河内郡，山东省有济南郡、泰山郡，四川省有蜀郡、广汉郡。《后汉书·百官志》云，凡郡县"有工多者置工官，主工税物"。工官之职务为制造物品供皇室使用，同时，工业品出卖后由政府收税。凡有工官之处，乃工业为最为发展之地区。自其分布看，黄河流域占了六郡（即河南省之四郡及山东省之二郡），另二郡在长江上游的四川省，可见长江流域一带工业较发展的地区在四川。

当时全国工业中，以盐铁规模为最大，桓宽《盐铁论·复古篇第六》云："往者，豪强大家得管山海之利，采铁石鼓铸，煮海为盐。一家聚众，或至千余人，大抵尽收放流人民也。远去乡里，弃坟墓，依倚大家，聚深山穷泽之中，成奸伪之业，遂朋党之权，其轻为非亦大矣！"据此可知，有一家而雇用千余人者，可知盐铁生产规模之大，亦有到远处去找工作做者。

盐铁为人民生活必需品，销路大，故凡从事盐铁事业者多家产富有。《汉书·食货志》中提及东郭咸阳为"齐之大鬻盐"，孔仅为"南阳大冶"，二人"皆致产累千金"。《史记·平准书》中云"冶铸煮盐"者"财或累万金"，即等于中等人家财产之千倍。

四川之纺织业早在汉代时已相当发展，蜀郡、广汉郡皆设置工官。《后汉书·公孙述传》云："蜀地沃野千里……女工之业，覆以天下。"可见四川为纺织业中心，其纺织品有"蜀布"，为四川特产，一直出口到位于今中央亚细亚的西域大夏国，可见其销路之佳之广。

另外，四川还出产在国内外均有极佳销路的漆器。日本大正时

（1912—1926年），日人在朝鲜平壤地区（今朝鲜首都）考古，在乐浪郡王盱墓中发现光武帝时代四川造的漆杯，上刻有"建武三十一年广汉郡工官造"字样。可见四川的漆器曾运到朝鲜出卖。

又，纸的发明亦代表汉代工业发展进步的情形。据《后汉书·蔡伦传》记载，中国在纸发明之前，写字主要是用竹简和缣帛（丝制）。但竹简笨重，缣帛价昂，皆不便于使用，使文化不易发展。东汉和帝时（公元88—105年），蔡伦发明用树肤、麻头、敝布、鱼网等纤维做纸，叫作"蔡侯纸"（蔡因有功，故封侯）。纤维为造纸的主要原料，今人用木造纸亦据此原理。

同时代的欧洲尚不知用纸，只知用羊皮，中国造纸技术于8世纪时的唐天宝年间才传到西方去。当时中国与大食（阿拉伯回教国）打仗，由高仙芝率军与大食战于西藏西边的怛罗斯（今中央亚细亚）。其中部分唐军为大食俘去，被俘者中有的为造纸匠，因此造纸术才传到了西方。此时距中国纸的发明已有近700年矣，可见中国为最早造纸之国家。台湾大学姚从吾教授曾写过《中国造纸术之西行》一文（《辅仁学志》第一卷第一期），论及纸传入西方的情形，亦可参看。

以上为汉代工业生产情形。

五、汉代的商业与货币

1. 汉代的商业与对外贸易

中国在两千年前的汉代，作为商业中心的城市，照《史记·货殖列传》的记载，分布在黄河流域者有13个，在长江流域及其以南者为5个。根据上述地理分布，可知北方黄河流域的商业比较发展，此与前节所述北方占有全国人口之大多数有关，亦与工业在北方较为发展有关（汉设置工官的八郡中有六郡在北方）。

汉代城市中从事商业活动之区域称为"市"，以汉都长安为例，共有九个市，即九个商业区，另外有城内住宅区"里"或"闾里"（见《三辅黄图》卷二）。汉代市内买卖情形，可自班固《两都赋》见之，其中云："九市开场，货别隧分。"薛综注云："隧，列肆道也。"又《三辅黄图》记载"槐市"情况云："列槐树数百行，为隧无墙屋。（太学）诸生朔望会且市，各持其郡所出货物，及经传书记乐器，相与买卖。"由此可见，汉代首都有"槐市"等定期市，为太学生聚会贸易之处。当时太学生之经济环境并不好，可能无奖学金。

汉代时中国已开始与国外进行贸易，《后汉书》的《马援传》及《梁冀传》中有关于西域（新疆及中亚细亚）"贾胡"的记载，可以想见当时有不少外国人来中国做生意。

中国西北地区多半为游牧民族，据《后汉书·匈奴传》记载，匈奴领袖北单于（即国王）在后汉时每年派人将牛马万余条运到中国卖给中国商人。中国工业较同时各国为发展，尤以纺织工业出产的丝而出名。丝与丝织品价值较高，体积重量较小，故可运往远处出卖，因其运费省也。而煤、铁、木材等体积大而重，价低而运费太重，故不能运到远处销售。在两千多年前，中国的丝与丝织品一直运销到大秦（罗马帝国）。《后汉书·大秦传》载，其国王常欲与中国建立邦交，故派使者来汉。但罗马与中国之间有安息（波斯）相隔，安息在两国交易时居中取利，可赚不少钱。照此记载，则汉时中国的丝织品在罗马帝国已有其市场。西洋史上也记有中国丝织品出口之情形，芝加哥大学教授汤普森（J. M. Thompson）在1928年时著有 *Economic and Social History of the Middle Ages* 一书，书中说及公元3世纪时，中国的丝在罗马帝国等于同样重量的黄金的价值，即一磅金才能买到一磅丝。

当时丝在罗马极宝贵，何以故？因为中国的丝运到地中海要经新疆的天山南路（又称"丝路"），穿过中央亚细亚，路程极远，故运费贵。据此书所记，可见中国生产的丝在罗马有市场，罗马也因需买丝，故要出口不少金银。西方丝价之所以高，乃因为当时他们不知养蚕吐丝以纺织之法也。据汤普森的研究，在公元552年时，有两名景教的僧侣在回国时将蚕种子放入竹筒中偷运出口，海关检查不出，于是运到了欧洲南部的希腊，该处可种桑，始有养蚕吐丝，再传播至意大利，才知有织丝。此为公元6世纪时中国养蚕方法传到欧洲的经过。

中国除有丝的出口外，四川的工业品在中央亚细亚也有销路。据《汉书·西南夷列传》所记，汉外交家张骞出使大夏国，看到有四川西部的筇竹杖及蜀布两种商品出卖。张骞问何处来货，当地人答曰从东南的身毒（印度）买来，身毒则购自四川。可见中国西部四川之工业品在中央亚细亚已有市场可出卖矣。

当时中国沿海地区也开始有国际贸易，不过规模不似与中央亚细亚大。《史记·货殖列传》载当时广州情形曰："番禺亦一都会也，珠玑、犀（角）、玳瑁、果、布之凑。"即上述商品均集中在番禺出卖，有的自海外来，可见沿海交通已有发展。但当时海洋交通的发展有限，故对外交通中陆路仍重于海路也。

2. 汉代货币情形

货币与商业发展极有关系。秦曾发行"半两"钱，当时人认为"半两"太重，故另发行新币，叫"榆荚钱"（因似榆树叶之形），每个重三铢。一两等于二十四铢，故三铢只有半两的四分之一，即八分之一两。

孝文帝时（前179—前157年）认为三铢太轻，于是另发行四铢钱，上刻"半两"，而四铢其实只有半两的三分之一，故为钱的贬值。同时准许人民可自铸钱以流通，当时造币权并非归政府所有，叫作"放铸钱"，实行时间为自孝文帝五年至景帝中元六年（前175—前144年）。

由于人民可自铸钱，钱的流通量增加，作为交换媒介满足市场上的需要，于是货物就可流通，可在各地市场出卖，货物生产便可增加。故文景时期出现经济繁荣的景象，因为货物可多流通，此即"放铸"政策的优点。但其流弊有二：一是由于人民亦可铸钱，钱的大小重量不一，造成货币制度的紊乱。二是政府的权力受影响而动摇，即财政权本应为政府所有，钱币应由政府发行，今民间可各自铸钱，便动摇了政府的财政权。例如汉宗室吴王濞"即铜山铸钱，富埒天子"，又如邓通"以铸钱，财过王者"（皆见《史记·平准书》）。又景帝时发生吴楚七国之乱，此七国为汉宗室，为当时被封在各地的王侯，所以能对抗中央者，因他们能铸钱，故能革命造反。

故到汉武帝时，禁止私人铸钱，即取消"放铸"政策，铸币权收归国有。武帝时有四种新货币发行：

（一）皮币。即剪成一方尺之鹿皮，等于40万钱。规定凡王侯宗室朝觐聘享时，须以鹿皮（上放一玉）作为朝见之礼。此种币只流通于皇室贵族之间，民间极少使用，因其面值高于价值极多也。

（二）白金（即银锡合金）。分为三品："其一曰重八两，圜之，其文龙，名'白撰'，直三千；二曰以重差小，方之，其文马，直五百；三曰复小，椭之，其文龟，直三百。"（《汉书·食货志》）此种钱其本身价值远不及其面值之大，故政府从中赚了不少钱。

（三）三铢钱与五铢钱。此种小钱，初为三铢，后为五铢。因为三铢太轻，用时不便，似榆荚钱。后增加为五铢，发行后大家均乐于使用，故以后铸钱以五铢钱为标准。直到北魏时的"太和五铢"，仍以"五铢"为标准重量，故可知武帝铸五铢钱的影响是长时期的。由于秦始皇的"半两"钱太重，汉初的三铢钱（榆荚钱）又太轻，后加为四铢钱，武帝时将三铢钱改为五铢钱。经过多次试用，知五铢钱最为适合也。

（四）赤仄钱。即以赤铜为边的钱，一个钱可当五个小钱用，规定人民缴租税给政府时亦用此种钱。但此种钱只是用红铜做成，其实在价值亦远不及面值之高。故此等钱使用时须折低，否则物价便会提高，故发行后不久便被废除而不再流通了。

故以上诸种货币之中，日后不流通者为白金与赤仄钱，长时期通用而有大影响者即为五铢钱。

武帝时之所以进行货币大改革，一是因为过去放任人民私铸，但私铸之钱不够标准，铜少而薄，钱的重量成色不够标准，导致价值降低。重量既然不够标准，钱的购买力便低了，物价便上涨，故武帝改革之。

二是因武帝时财政开支增加，经长期与匈奴的作战，其军费极巨，影响到财政，导致收支不平衡，出现财政赤字。故政府除了增加租税外，便多发行货币。但一方尺鹿皮实不值40万钱，故必会导致通货膨胀，幸而此皮币之主要用途为王侯朝见皇帝时送礼用，而民间极少使用。有人说中国的信用货币以皮币为最早，但此说法仍有问题。因皮币并无信用的记载，只是贵族送礼用，故与宋代的交子、会子不同，武帝乃借此以增加贵族收入。

武帝时货币政策之特点是铸币权收归中央所有，为货币归中央所专有之开始。

自武帝元狩五年（前118年）至平帝元始中（公元1—5年）共铸钱280亿余，此数为在120年左右时间中铸钱之总数，平均每年造钱2.2亿余（即22万缗或贯）。到武帝之后1 200多年的北宋神宗元丰年间（1078—1085年），每年造钱数量为600万缗左右。二者一比较，可见武帝时铸钱之少。

当时货币之购买力，据《史记·平准书》记载为"石米万钱"，即斗米千钱。当时米价之所以高，乃因榆荚钱之故，每钱三铢重，为贬值后之钱。同时汉初经长期战乱，生产减少，粮食恐慌，故粮价极高，其实并非长时期之米价均如此高。

在汉之前的秦代时，据《史记·萧相国世家》所记，当时每一壮丁都要到中央政府所在地服徭役，高祖未做皇帝时也曾到秦都咸阳服徭役。其老家在江苏北部的丰沛，要到咸阳，路费需用颇巨。朋友送他路费为礼，与高祖同时的友人每人送三钱作为远行之礼，萧何独送五钱。可知当时每一钱的购买力甚高，因此时秦所用为"半两"钱，四倍于三铢钱，成色好品质高，故值钱。

一般而论，汉时之钱购买力甚高。文帝说"百金，中人十家之产也"，一金即万钱，十万钱即为中产人家，可知当时钱之价值相当高。

六、汉代的财政与租税

1. 汉代财政情形

汉代财政制度之特点，是将国家财政收入与君主之私人财政分开，故讨论时亦须将两者分开。

管理国家财政收入之机构，秦代及汉初叫"治粟内史"，后来改称"大司农"（即今之财政部长）。称"粟"，称"农"，表示当时为农业社会，国家财政收入为"粟"等农产。

国家财政收入包括"租"与"赋"两部分。"租"即土地的租税（land tax），有时收十五分之一，有时"重农贵粟"，便收三十分之一。"赋"有三种：一是"算赋"，为壮丁的人头税。二是"口赋"，为小童的人头税，较轻。三是"更赋"，因秦时力役很重，每一壮丁要到首都服役，到边疆戍边，但事实上不能人人都去，故汉代规定不服劳役者可变更为用缴钱办法，归国家财政收入。国家财政收入由治粟内史、大司农管理，用以开支俸禄及国政费用。

君主的私人收入由少府管理，主要用作宫廷开支，即天子的奉养费用。其收入包括下列各项：一是"山川"，"山"指矿产，"川"即水，开采铁矿有铁税，煮盐有盐税，另有"海租"，即打鱼要抽的税。二是"假税"，皇帝之园囿池沼很大，人民进入其中耕田、打猎、打鱼、砍柴，均须向政府缴"假税"。"假"即租借地方也，所谓"溥天之下，莫非王土"，故均须付税给皇帝也。三是"市租"，商人在市区有市籍者要付税，即今之营业税，有商业牌照才可做买卖。此外还有工税，即在城市中进行手工业生产要缴的税。

2. 汉代租税情形

田租方面，在汉初按照田地农作物产量的十五分之一收租，从汉景帝时（前157—前141年）开始，因当时实行"重农贵粟"政策，田租减为三十分之一。此为中央直属土地的租税，对郡国的田地则课以每亩10钱的租税。东汉光武帝时（公元25—57年），因军费支出大，便增收田租，改为十分之一。后来大局平定，军费减少，又恢复到三十分之一。

人头税方面，成年人（15岁至56岁）年出120钱，是为"算赋"，商人则加倍。幼年人（3岁至14岁）年出20钱，是为"口钱"，此为武帝以前情形，武帝时加为23钱。因穷人常杀婴，故汉元帝时（前49—前33年）改为自7岁开始缴"口钱"。

徭役方面，人民每年须戍边三日，不愿往者可出钱300文以免役，是为"过更"。每年又须在政府服役一月，不服役者可出钱2 000文代替，称"践更"。

此外又有"献费"，为郡国贡献给中央的租税，郡国每年向每人收63钱交给中央。

汉武帝时租税的税率有变化而与之前不同，并新增"算缗"。此为武帝打匈奴时所增加，规定凡人民所有之田地、房屋、船乘、畜产及奴婢等，每值2 000钱要抽120钱，谓之"一算"，即抽大约6%的财产税，但商人则要加倍。此外，凡民间不按实缴纳算缗者，没收其瞒告财产，密告政府之人可得其中之半，另一半则归政府，称为"告缗"。于是此政策引起社会混乱，人民都不愿储蓄了。

此外，武帝时又有新的经济措施，其中最主要者为盐、铁、酒的专卖。政府设立盐官，供应煮盐器具给盐商，盐商利用此种器具煮盐出卖，政府要抽很重的盐税，并禁止人民私自制造煮盐的器具。政府亦在各地设立铁官，负责开采、冶铁及制铁器来出卖。冶铁收入本属武帝私有，但武帝愿归政府，以增加国家收入。酒的专卖叫"榷酤"（"榷"为独木桥，转为独占专卖之意），由政府开酒店，造酒高价出卖。

此外又有"平准""均输"政策。"平准"即在首都设立多种机构制造商品，价格高时抛出售卖。"均输"是鉴于当时全国各地运特产上贡给中央政府，但运费贵，或因中央多而价廉，故规定将所贡之物运到价高地区出售，所得之钱归政府。

七、汉代的社会阶级

汉代社会的上层阶级有二，一为贵的阶级，一为富的阶级。

贵族属于贵的阶级，主要有三种，即皇室、外戚、功臣。此三种贵族均有食邑，皇帝所封食邑的大小，看其身份不同而有异。皇帝的嫡长子为太子，其余诸子封为诸侯王，分封诸侯王的地方称为"王国"，由诸侯之嫡长子继承之。诸侯王在王国中可享受该地区之赋税，不过王国的丞相要由中央委派，其余大臣则由诸侯王自行挑选。

当然，王国土地的面积大小与肥瘠各有不同，故各诸侯王的势力大小亦不相同。由于有的王国面积较大，诸侯王势力太强，欲打倒中央政府，如景帝时便有吴楚七国之乱，后由中央平定。因此到汉武帝时，主父偃建议实行"推恩"办法，即诸侯王死后，将王国土地平均分给其诸子，使王国越分越小，便不致威胁中央了。

另一种受封的为贵戚或功臣，此辈多封侯而非封王，所封赐的食邑也较少，远不及诸侯之王国。如曹参之食邑为10 630户，萧何之封邑为15 000户，已算相当多了，有的食邑只封2 000户至5 000户。又如霍光，他是外戚而兼功臣，封侯时其食邑为2 350户，当他做大将军有功时又增加17 000户，两者相加仍不超过20 000户。

贵族之食邑常有变化而非世袭，过了几代后，皇帝死时不用服丧，便与平民相同了。由于武帝用"推恩"办法，食邑越分越少，贵族便不能长期保留其地位。且外戚功臣若犯罪时，王侯爵位便被取消，如造反则可能丧命。

至于富的阶级，主要为地主与富豪二类。地主收地租多而富有，《史记·货殖列传》中言土地多者收入与千户侯同。富豪则包括大商人、放高利贷者及开矿者，商人发了财可以很有钱，但朝廷不准其做官,故社会地位较低。

在上层社会以外,便谈到平民。大多数之农民为雇农,即替地主耕田,只得一点工资。另一种为佃农,租地主的田耕种,收获的50%归地主。自耕农则生活较好,照收入的十五分之一纳给政府,有时会减为三十分之一。

汉代尚有奴隶,分为官奴与私奴。官奴的来源有三种:一是犯重罪者,其家眷由政府没收为奴隶。如吴楚七国的造反者即属于奴隶了,又如王莽时犯私铸钱之罪者亦为官府没收而成为奴隶。二是从私人奴隶转变成为官奴者,当时规定私人将奴婢送给政府的可免役。三是由战俘变为奴隶者。此类奴隶不多,因为当时往往将战俘杀掉,如汉武帝曾一次杀俘八九万人。

私奴的来源亦有三种:一是由买卖得来,《汉书·食货志》载,汉初有些地区发生饥荒,汉高祖让他们将儿子出卖当作路费,逃生到四川,被卖者便成为私奴。《汉书·贾谊传》云:"民卖僮者,为之绣衣丝履。"将待出卖的儿童化妆得好看些,以期能高价卖出,此为汉初奴隶市场的情形。二是由于借债不还而成为奴隶,《汉书·贾谊传》中载,人民无钱,向人借债,将己子作抵押,过三年本利不能归还者,此人之儿子便成为债主的奴隶。三是由官奴变成私奴者,《汉书·外戚传》中载,汉武帝曾将300名官奴赠给其姊,这些人便变成私奴了。又如《汉书·霍光传》载,汉宣帝曾把170名奴婢送给霍光。

官奴之职务主要为替政府养马。汉代在西北边疆有马苑36所,每所养马万匹,共36万匹马,由3万名官奴婢牧养。此外,皇帝后花园之多种禽兽亦由官奴婢牧养。

私奴之职务并非仅在家中侍候主人。据《史记·货殖列传》说,齐国有刁间利用"桀黠奴"去"逐渔盐商贾之利",即奴隶为主人经营渔盐事业。又《汉书·张汤传》载,汉代张安世有家僮700人,每人训练他学会一种手艺,以从事某种手工业生产,由其太太管理,结果其财产比大将军还多。又《汉书·张良传》说张良有奴婢300人,《汉书·司马相如传》中说卓王孙有家僮800人,均为私人奴婢。

据《汉书·贡禹传》记载,汉代有官奴10万人,而私奴婢之总数未有记载,可能与官奴数量差不多,即亦为10万人,故官奴、私奴共有20万人。但此数可能估计太低,即算私奴为50万人,则官私奴共有60万人。据《汉书·地理志》,汉代全国人口约为6 000万,则奴隶数量只占全部人口的1%。可见中国在汉代时并非奴隶社会,因奴隶所占比例极小。西方之希腊城邦(city state)中,自由人与奴隶之比数为一比四(每一自由人有四名奴隶),此为西方奴隶社会之情形。故相较之下,中国在汉代时并不能被称作奴隶社会。

八、王莽的改革

王莽为汉代的外戚，在西汉末年自汉皇室取得政权，建国号为"新"（公元8—23年），并有种种改革：

（一）对土地与奴隶问题的改革：自商鞅废除井田制后，土地可自由买卖，于是"富者田连仟伯，贫者亡立锥之地"，造成贫富不均，汉代又有身份不自由的奴婢。王莽当政后，下令全国田地均为"王田"，全国奴婢均为"私属"，均禁止买卖。如有拥有田地太多者，须分给九族、邻里、乡党，如有人无田地，便由政府分给田地来耕种。

（二）"六筦"（"筦"同"管"，即管制）：即有六种东西由国家管制，为：①盐，②酒，③铁，④名山大泽（即渔猎要有牌照，须纳税），⑤钱布铜冶（钱、布均为铜制的货币，铜矿亦由政府统制），⑥五均赊贷。

"五均赊贷"即在长安、洛阳、邯郸、临淄、成都、宛等大城市设立"五均官"。其职务一是"市平"，即规定公平的物价，不让商人抬高物价。当商品价高时，由政府拿出同样商品以低价到市场上出卖。同时，市场上卖不出之物亦由五均官收购，以免商人吃亏。二是"赊贷"，当人民因有祭祀或丧事而无钱用时，可向政府五均官借。祭祀只准借十天，父母死可借三个月，期满归还。人民要投资或经商时亦可向五均官借钱，但每年要给政府十分之一的利息，故称"赊贷"。以上可参见《汉书·食货志》。

（三）对货币的改革：王莽所发行的货币共二十八品。其中金货一品，单位为一斤，值万钱。银货二品，其中朱提银重八两为一流，值钱1 580文，它银则一流值钱1 000文。此外尚有龟宝四品、贝货五品、泉货（小泉1文，大泉50文，均为铜制）六品、布货十品。

　　王莽发行如此多的货币，是为了增加财政收入，却导致通货膨胀，引起很多麻烦，为改革中之最失败因素。其实一个银货不值1 000文，龟货也不值其表面的价值，遂造成贬值。同时又禁止人民私铸，但私铸有利可图，捉到的犯罪坐牢，引起社会上的大骚动。故王莽之失败与其货币改革的失败大有关系。《汉书·食货志》中云"百姓愤乱，其货不行"，此说王莽的新货币未能顺利流通。《汉书·王莽传》云："于是农商失业，食货俱废，民人至涕泣于市道，及坐卖买田宅奴婢铸钱，自诸侯卿大夫至于庶民，抵罪者不可胜数。"由于政府禁止铸私钱和买卖奴婢，而其又有利可图，因此犯罪者众多而造成社会混乱，遂导致王莽的败亡。

九、东汉的地主阶级政权与大家族制度

《后汉书·光武帝纪》云:"地皇三年(公元22年),南阳荒饥,诸家宾客多为小盗。光武避吏新野,因卖谷于宛。"光武帝本为大地主,当时河南南部因旱灾而发生饥荒,而光武帝却有剩余的谷在宛(河南南阳)。能有余粮出卖,正说明刘秀拥有肥美的田地。当时王莽将天下私田改成"王田",引起地主阶级的反对,故合力推翻王莽者即为地主阶级。

东汉政权中由地主阶级占优势,自《后汉书·刘隆传》中便可看出。当时讨论到"限田",即占田不可超过数额,但"河南南阳不可问",因"河南帝城多近臣,南阳帝乡多近亲",故"田宅逾制,不可为准"。因洛阳为当时首都,南阳为光武帝故乡,皇亲国戚集中于此,都是"田宅逾制",故为例外而不可限。可以想象,东汉政府官员均为大地主,此为当时地主阶级占优势的情形。

中国到东汉时,家族愈来愈大,因东汉皇帝奖励人民多生育,如汉章帝曾下《胎养令》(见《后汉书·章帝纪》)。其内容为:生儿子者准三年免缴算赋(人头税),怀孕之妇人由政府给予"胎养谷",每人三斛,并准其丈夫免算赋一年。东汉如此奖励生育,故人口愈来愈多,遂变成大家族。

大家族流行时,父母死须服丧多久呢?东汉为三年之丧,而西汉则为短丧,如汉文帝时父母死只服36天丧。东汉除服三年之丧外,又表现出对"孝"的提倡。东汉政府提倡对父母应尽孝道,并推重《孝经》,奖励孝子孝行。此种对"孝"的提倡,亦为大家族流行的表现。

第三章
魏晋南北朝社会经济的转变

本章为对公元3世纪至6世纪间社会经济情形的讨论。

秦汉时代，中国有大一统政权，而魏晋南北朝数百年间，全国大体上不统一，大部分时间里四分五裂。在全国分裂的情形下常有内战，且无强力政府对付外族，故又多外患，如西晋末的五胡乱华。故当时大部分时间里，非内战即外患。

西晋虽统一，但有"八王之乱"，时受战乱破坏。战争发生时，中国社会经济之大特点即人口大量减少。西汉人口最多时曾达6 000万，到东汉桓帝永寿三年（157年）时全国有1 000余万户，5 600余万口（据《晋书·地理志》），此与汉代奖励人口政策有关。但由于三国时多内战，故人口大减，据《晋书·地理志》所记，当时各国人口数量为：魏有66万户，443万口；蜀亡时有28万户，94万口；吴亡时有53万户，230万口，合计共147万户，766万口。自东汉时的5 600多万减到三国时的760多万，可见战争破坏的严重。魏有十州之地，但其人口还不及汉代一州多。固然实际人口不一定止此数，但突然减少几乎5 000万人为不可想象之事。人口减少的原因，首先是豪家大族隐藏了大量户口。他们在地方上有势力，不报户口，不向政府服兵役，故政府统计人口减少。其次是由于战争造成大量人口的死亡，如在西晋末年，由于五胡乱华，当时首都长安户不满百，有的逃亡，有的被杀。故自汉末黄巾起义开始，经三国时的相互攻伐及西晋末五胡乱华的影响，人口大量减少。

一、豪家大族

汉末天下大乱，人民得不到政府的保护，便以家和族为单位来保护自己。他们在居处附近的险要可守处建筑碉堡形的"坞堡"，敌人来时可作防卫，比较安全。所以附近人民在兵荒马乱时请坞堡主人保护他们，以求安全，并向坞主租借田地以解决生活问题，如此便与坞主有了关系。

当时为农业社会，坞堡主人多为大地主，此种人民须替坞主服劳役，当时称此等人为"部曲"或"宾客"（亦称"衣食客"或"佃客"），如《三国志·朱桓传》中提及朱桓有部曲万人。如朱桓这样的坞堡主，在三国时十分普遍。可以想象，当时政府要人民服兵役、服力役，极繁苛，人民为逃避国家徭役，便到豪家大族的坞堡中寻求庇护，不少人口由此得到荫庇。于是这些部曲均归属于豪家大族或坞主，遂造成地方割据的局面。

五胡之乱后，西晋南渡成为东晋，贵族南渡时带了部曲同去，因长途旅行困难危险多，路上可相互照应。在政府中做大官的豪家大族成为士族，与差不多同一阶级的人共同控制了政权，故此一时期形成了"上品无寒门，下品无贵胄"的局面，政权由士族垄断。当时的九品中正制，即将人分成九等，最下品的决无贵族，表示当时政府是由士族豪家控制的。

二、佛教寺院

佛教发源于印度，汉代时传入中国。汉末及魏晋南北朝时，由于战乱频繁，很多人消极出世，寻求精神上的寄托，故多信佛教，佛寺也在各地广为兴建。

佛寺中有大量人口与土地，其中有两种组织。一是"僧曹"，即佛教之教会，人如送60斛谷给僧曹，就成为"僧祇户"，便不用向国家服劳役，由佛教会保护，成为僧曹的人口。此外，佛寺中又有不少"佛图户"（亦称"寺奴"），此等户替寺院服洒扫杂役，同时信徒送给佛寺的大块田地亦由其耕种。故僧曹及佛教寺院均有田产，这些人不必向国家服役付税，不受政府管。由于佛寺中有大量田地，并有僧祇户及寺奴耕种，故极富有。寺院中又有"质库"（即当铺），可抵押物品，以后可付利钱赎回，故佛寺中亦有金融事业。《南史·甄法崇传》中提及有人以苎抵押，取还时发现其中有金，此人送还黄金，故记之。

南朝梁武帝建都建业（南京），有佛寺五百座，僧民十多万人，财产极丰富。相传梁武帝曾三次到同泰寺出家为僧，表明当时佛教力量之强大。当时佛寺中有很多僧祇户与寺奴，不必向政府服役付税。政府损失大，收入减少，故后来强力限制佛寺以吸收人民，各地政府均限制僧民数量，不得超过定额。同时禁止奴隶出家为僧，以免纳税人太少，有时亦强迫僧民还俗，替政府纳税。此为南北朝时期在社会经济方面的特点之一。

三、屯田与均田

由于当时常发生战争，人民或受战祸而死亡，或逃亡他处，人口大减，故有的地区田地无人耕种而荒芜，因此粮食生产大减，连军粮也成问题。故曹操时开始实行"屯田"政策，在河南许下（许昌）招人民屯田，以解决军粮问题。除了许下之外，命各地州郡均设立"田官"，以实行屯田政策。具体规定为：凡人民自备耕牛者，生产所得与政府平分；如牛由政府供给，出产则政府得60%，人民得40%。此外，耕田者（即屯户）尚可免除各种徭役及兵役，因此很多小农户均愿参加。于是，参加屯田者失去了一部分自由，成为国家的农奴。

由于长期战乱，荒田多，如黄河附近有大牧场，可养十万匹马，因无人耕种之故也。于是到北魏太和九年（485年）时，开始实行均田制，其法为：男丁自16岁始，国家给露田40亩、倍田40亩，女丁由国家给露田20亩、倍田20亩。另，男丁可得桑田20亩，人死不必还政府，称"永业田"。则一夫一妇共可得田140亩。

又，当时有男奴、女婢，一男奴给田100亩，一女婢给田40亩，奴婢人数无限制。到北齐、北周时才限制奴婢人数，即因日后地少人多，故授田开始受限制。

此外，多一牛者可多分露田30亩、倍田30亩，共60亩。北齐、北周时也是每牛60亩，但每人限四牛。

北魏"计口授田"的均田法，其平均地权的意义并不太大，主要是为了开垦土地，增加生产。故北魏政府尽量利用劳动力来耕种，男丁多耕，女丁也有田可配，奴婢与牛也有田可配耕。

北魏以后，北齐、北周与隋唐均实行均田制，但每朝代的分配法有所不同，不过均为"计口授田"。实行均田的先决条件是国家能控制很大数量的土地，等人口日增，国家之土地相对减少时，此种"计口授田"的方法便无法施行了。

第四章
隋唐宋社会经济概况

本章所讨论的为公元6世纪至13世纪的社会经济情形。

魏晋南北朝时战争频繁，国家四分五裂，而自隋唐到宋的数百年间，全国人民大体上生活在统一政权之下。南宋时虽与金分裂，但统一时间较长，故当时为中国历史上第二次大一统帝国时期，其特点为：

（一）由于国家统一，人民过和平生活，故社会经济繁荣。

（二）如将中国分为南、北两方，则全国经济最发展处在南方（长江以南）而非北方，此趋势自晋南渡后即开始，南方逐渐成为全国经济中心。

（三）由于运河的修建，南北方之间的交通大为发展，商业亦随之发展起来。

（四）由于商业的发展，人们开始感到实物货币（如绢等）在流通中的不方便。故自唐代始恢复制钱，以增加市场流通，货币代替绢帛等实物而流通，自然经济衰落。

（五）到唐中后期，赋税由租庸调制转变为两税法，以实物纳租转变为以金钱纳租。

一、户口情形

自隋代起，人民开始有休养生息之机会，故人口渐恢复至汉代的水平，此后人口则进一步增加。

隋时有900余万户，4 600余万口。唐时有890余万户，5 100余万口，杜佑《通典》中则认为唐时有1 300万至1 400万户。可见隋唐时人口尚未超过汉代。

到宋代，中国人口进一步增加。宋徽宗大观四年（1110年）时，全国的户数为2 080余万，口数则为4 600余万。照此数则平均每户只有2人多，与当时社会情形不合，中国社会喜欢多子，此因宋时收人口税，故户口少报了。若以平均每户5人计，则当时人口应为1亿左右或超过。

中国从两千年前的6 000万人口发展到宋代的近1亿人口，可见人口增长与人民长期生活在统一政权下有关。

在此几百年间，人口发展的另一特点为，南方人口日增，北方人口相对减少。

自汉代末年起，黄河流域战争频繁，而长江流域则人口日增。到8世纪中叶（750年左右），长江流域及长江以南的人口达到400万户，占全国的40%～45%左右。再过数百年，到13世纪末时（1290年左右），长江流域及长江以南的人口达到1 200万户，占全国的85%～90%左右。由此可见南方人口的大量增加。

由于北方战争多，黄河常泛滥为灾，故人口减少；而南方则因天然资源的开发，农产品增加，工商业发展，故人口相对增加。

二、隋代社会经济概况

中国经长时期的四分五裂之后，到了隋代，人民有了和平生活，于是生产大增。由于有统一政权，故运河之类大工程能够建成，使交通运输大为发展，各地物产可互相交流。由于交通方便，大城市的粮食可由各地运来，故城市便可集中大量的人口。

隋代建立之初（581年），全国有近400万户。到隋炀帝大业二年（606年）时有890余万户，大业五年（609年）时达到900余万户。

由于隋初人民怕负担重税，故意少报户口，故人口不到400万户。但隋统一后，税率降低，人民负担轻了，不必少报户口，故政府的户口数字变成900余万户。且事实上，当时粮食生产亦增加，可自当时仓库数量增加之多见之。《通典·食货七》云：

> 隋氏西京（西安）太仓，东京（洛阳）含嘉仓、洛口仓，华州永丰仓，陕州太原仓（皆在陕西），储米粟多者千万石，少者不减数百万石。天下义仓又皆充满，京都及并州（山西太原）库布帛各数千万，而锡赉勋庸，并出丰厚，亦魏晋以降之未有。

据《通鉴》所记，炀帝大业二年时洛口仓共有3 000窖，一窖可容8 000石，共可容2 400万石。由仓储量之大，便可想见当时生产及人口增加之情形。

但隋代政权很短命，原因是隋炀帝发动大规模劳力建运河，人民租税、徭役负担重，故发生暴动，炀帝最终在扬州为人所谋杀。

三、经济中心之南移

秦汉以前，全国之经济中心在黄河流域，但到第二次统一局面的隋唐宋时代，经济中心发生南移。

秦汉时北方靠近西部有两条大渠，即郑国渠与白渠，在汉代时溉田面积可达4万余顷。但到唐高宗永徽时（650—655年）则减为1万顷，此乃因水利失修之故。其后到唐大历年间（766—779年）减为6200余顷，宋至道二年（996年）时减为不足2000顷。

一是由于水利失修，农产物减产，使北方粮食生产自汉至唐宋出现减少趋势，故造成经济贫穷。二是由于战乱频仍，人口大量死亡或逃亡。三是黄河时常泛滥为灾。由于上述三原因，北方经济渐趋贫穷。反之，在长江流域及其以南地区，土地日益开辟增大，西晋末北方大量人口为求安全而南迁，南方的荒地大量被开辟，故有"苏常熟，天下足"之谚语。此表示全国之农业生产在唐宋时已与秦汉不同，经济中心南移了，农业最发展处在南方，且不只是农业，即工业矿产之最发展处也在南方。

总之，中国到唐宋大一统帝国时代，全国之经济中心已转移到长江流域及南方了，此为唐宋与秦汉不同之点。

然而，经济中心虽然南移，但在唐代，全国之军事政治中心仍留在北方。此因中国国防形势最严峻的仍是北方，如晋时五胡乱华，便自北方打入，隋唐时北方最强大的民族为突厥、回纥，正如秦汉时有匈奴然。由于军事中心在北方，皇帝也在北方，故首都也在北方，为便于直接指挥也。

故此时期之特点为，军事政治中心仍在北方，而经济中心则在南方，故有运河之修建。

四、唐宋运河情形

秦汉时，军事政治中心与经济中心均在北方，到隋唐时则军事政治中心仍在北方，而经济中心则在南方，于是南北交通开始重要起来，故隋炀帝建筑了沟通南北的运河。

据史家记载，当时人以为因扬州（江都）为物质生活最繁华之都市，故炀帝欲建运河去游玩。建成后，炀帝坐船经运河到扬州，住了一段时期后旋被杀，隋政权遂亡。此为一般人的看法，但深一层看，炀帝动员大量人力物力，原因并非贪求享受，而实在是为了要使整个帝国打成一片，使南方经济与北方军事打成一片。隋炀帝在运河完成后不久便被杀而隋亡，故运河之贡献在当时并不大，却在后来的唐宋时期发挥了力量。

1. 唐代运河

在唐初期的高祖、太宗时，运河之贡献仍不甚大，因当时中央政府组织简单，人员少，物资消耗不大，不需江淮物资之大量供应。又，唐初实行府兵制，为"兵农合一"，即战时当兵，无事时则为农民耕种。《新唐书·兵志》云"居无事时耕于野"，服役时期"麦饭九斗，米二斗，皆自备"，故政府不必筹军粮。故北方之军队亦不需政府供应军粮，因自己能耕种也。基于上述二大原因，当时政府不必自江淮运粮到北方。

但到唐高宗时，政府机构日益庞大复杂，官员数量大增，粮食消耗增多。且高宗末年府兵制破坏，改为"彍骑"，即募兵制，已非征兵，与府兵之"兵农合一"不同了。故政府须筹军粮，因北方粮产有限，故须从江淮流域经运河运粮至北方，以供应军队的需要。

因长安粮食生产有限，不能长时期为全国首都，故高宗将洛阳建为"东都"，时为显庆二年（657年）。高宗在文告中说，因长安粮食供应困难，而洛阳有运河，运输方便，故建为东都。高宗有20多年住在洛阳办公，高宗太太为武后，后为皇帝，在位20多年，只有两年在长安，其余时间均住洛阳。唐玄宗在开元二十四年（736年）以前，有三分之一以上的时间亦住洛阳，每当长安粮食供应困难时便到洛阳，当时有人反对，称此等皇帝为"逐粮天子"。故自高宗时到玄宗开元二十四年间，皇帝均住在洛阳。

开元二十四年以后，玄宗可长时期住长安了，其主要原因是当时裴耀卿负责漕运，成功实行改革。

自江淮经运河运粮至北方的长安，其间洛阳至长安一段要经过黄河。在陕州北的三门山有一个险滩，时常翻船，受损大，往上游逆水损耗更大。当时运输常遇事故，江淮的米粮等物资不易运到长安。裴耀卿改革漕运的方法是，在三门山以东及以西之间修一条路，船到三门山之东时，将船上之粮搬上岸陆运到西边，以避免险滩翻船。又实行"转搬法"（原为"般"字），即分段运输。因南方之长江水深，而运河水浅，黄河水急，三河水性不同，故用分段运输法。自长江到河阴处，卸粮换船，再由黄河运粮到三门山之东，不由一船直达长安。如此可增加运输效能，即配合不同的船与熟悉的水手分三段运输。裴耀卿将江淮流域各地义仓内所存之粟换成米，以免因潮湿而腐坏，再陆运至北方以供应首都。

裴耀卿改革的成效十分显著，在三年中仅米一项已有700万石运到长安，并且运费也大幅减少。此项改革是在开元二十四年之前的三四年中进行的，故长安自此可得到充分的粮食供应，朝廷不必再搬家到洛阳。

唐玄宗天宝元年（742年）时，韦坚对漕运又有新改革。由于船离开黄河后，中间经过较浅的渭水，故不能多载。于是韦坚又修了一条漕渠，与渭水平行，以便更多的船能经由运河到达长安，使运量大增。当时曾一年运400万石粮到长安，以供应政府消费需要。除米粮外，尚有布帛绢等由江淮各地运到首都，以备做军服之用。当时唐军在西北需要军服，每年大约要用1 000万匹的布帛，多由江淮流域纺织而成，再发运西北供其使用。英国考古学家斯坦因（Marc Aurel Stein）在新疆吐鲁番一坟墓中发现布帛二匹，上面写有"婺州……庸调布，神龙二年（706年）"和"婺州……租布，光宅元年（684年）"字样。可见唐代时自江淮运到西北之布帛很多。

因此江淮的物资能满足中央政府的需要，故全国军事能发挥大力量，成为强大的大唐帝国。如当时西部之吐蕃很强大，玄宗天宝时将其击败，又派高仙芝征服勃律（印度北部），俘其国王，此外唐军又打到石国（Tashkent，俄领中央亚细亚之部），均为玄宗时国势强大之表现。这是由于全国能将北方的军事政治与南方的经济物资二者配合起来，江淮物资能充分供应北方而致。

田租本为缴农产品，但可用布帛代替，而庸、调本来便为用布帛缴纳者。由此可判知，唐玄宗时代由于漕运的改革，在经济方面成就很大。

同时，由于唐玄宗长住长安，生活舒适，遂种下安史之乱之祸根。自天宝十四载（755年）开始，安禄山与史思明以北京为根据地，先打到黄河，再到长江，历十年之久。安史军队打到黄河时，一支打长安，一支沿运河打到江淮，因江淮为全国经济中心所在地。在千钧一发之时，在运河北之睢阳的张巡、许远长期死守，力拒安史之军，遂破坏了安史攻占江淮之计划，因此运河交通与江淮生产区得以保存。不过中国经过长期内战，后来虽然收复失地，平了叛乱，但运河交通困难了，中央政府不能将江淮的大量物资运到北方，因破坏后之恢复极难。

当时刘晏为转运使，负责运送江淮物资到北方。刘晏见当时形势一片荒凉，便大力改革，以盐专卖之利为资雇募船工，而不再沿途征发民夫。刘晏的漕运改革，比裴耀卿的转搬法更精密，效果也更大。经刘晏努力改革，每年自江淮运出之粮已有110万石，但到达长安者不过40万石而已，因其中大部分消耗在途中了。此数比开元、天宝年间一年400万石的运量要少，但刘晏能达到此数目已不容易了。

安史之乱后，政府未能肃清安史余党，故其得以在黄河附近继续保留军力。在河北、山东等地任节度使者均为安史余党，他们握有兵权，且兼任地方行政长官，遂成为跋扈的藩镇。他们表面上服从中央政府，实际上则与中央为难。故在安史乱后的唐德宗时（779—805年），中央政府常生困难。一次因长安缺粮，禁军也参加暴动，脱下头巾大叫，连皇帝之生命也有危险。当时在陕西南部的军人，热天时仍穿冬服，因南方物资不能按时运到也。皇帝亦仍穿皮袍，不敢脱除，因怕军队批评。此即由于运河交通困难，影响到中央财政经济的情形。

德宗末年开始，由于山东、河北之藩镇常来捣乱，运河地区常出毛病，也有抢运河船上之粮者。问题最多者为汴州、徐州，如能防守二地，运河便可安定，但驻防军在长安，相距甚远。唐宪宗即位之后，派大军杀捣乱者，故当时又有中兴气象。宪宗与藩镇斗争过程中有一事发生：在黄河与运河之间的河阴有一转运院，建有仓库，藩镇见该地储有钱粮布帛，便密派特务放火，中央大为震惊，幸而只烧去部分，唐政府仍有能力平乱。可见运河交通之能满足北方需要与中央能够平定藩镇大有关系。

到唐末，运河交通困难更大，在运河下游之军阀有时溥者，其军队驻防在运河近长江处，与中央不快时便切断运河。据《通鉴》卷二五九记载，在江淮间，运河驻防军官毕师铎、秦彦、孙儒、杨行密等在唐末长期相互攻伐。由于长期内战，致使"东西千里，扫地尽矣"，全国精华地区被破坏，北运物资亦随之大减。

当时回纥助唐平定安史之乱，势大而跋扈，常欺侮唐，唐皇帝曾在回纥之马前拜，唐太子之随员在可汗帐前被可汗军士打，回纥人在长安街市可随便杀人，此为唐国势衰弱之情形。其中运河交通困难，不能将南方经济中心与北方军事中心联系，为一大主因也。

五代时的梁、唐、晋、汉、周皆为短命政权，不能统一全国。梁代朱温在汴州取得唐之政权后，欲打通运河，可是杨行密在长江与运河之间，破坏运河堤岸，使附近被水淹，阻挡朱温军南下，因此无法打通运河使南北配合。最后之周世宗占据淮南，打通了运河，死后其子年幼，其时赵匡胤受部下拥戴，黄袍加身，遂成为宋之皇帝。

2. 宋代运河

宋太祖赵匡胤建都非在洛阳、长安，而在汴州（河南开封）。因自唐末开始，中国不统一，中央政府软弱，此由于地方有兵权，藩镇跋扈。于是宋太祖实行中央集权，解除武人兵权，以文人为地方长官，曾"杯酒释兵权"，于饮酒席间将兵权取回。建立中央集权后，大权集中于中央政府，某地叛乱时可派兵平定，但军队多了，消耗甚大。北宋君王鉴于中央政府消耗大，又鉴于长安离江淮太远，易起粮荒，洛阳虽较佳，但更南则更好，故建都于更南之汴州，主要是为便于运河运粮。

汴京所在地方为大平原，军事上难守，故需更多军队，因而需粮食更多。北宋漕运也实行转搬法，但内容不同。在扬州、泗州、真州、楚州一带设立仓库，收取长江流域之粮食，再由运河运到汴京。除上述仓库外，当时的运输机构发运司收购大批粮食，以备不断运粮到首都，叫作"籴本"。在运河上经常有6 000条船，由发运司管理，每年运600至800万石粮食到首都。因路线较短，且有储备之粮，故能运送不断。

到北宋末年蔡京为相时，漕运由转搬法变为直达法。当时宋徽宗在宫中花钱无度，蔡京看中发运使有钱，便将籴本之钱作"羡余"献给徽宗挥霍，因此无钱买粮，遂改成直达法。但由于运河水浅，长江水深，用的船只本应有别，改用直达法后，各地直接运至首都，因此船需等水涨才能通行，故运汴京之粮大减。故宋末为金打败，皆由运河运粮减少所致。

南宋与金以运河为界而对立，南宋以杭州作临时首都，也与运河能助杭州有关。但宋金当时已对立，故运河已无作用，据南宋人记载，当时运河上已种麦建屋。

以上为运河在唐宋时的情形。总之，运河如人身上之大动脉，当大动脉畅通时，国家力量便强大，当南北交通不畅时，国势便衰弱了。

五、唐宋商业与国际贸易情形

1. 唐宋时商业之发展

唐宋时商业发展之主要原因有三：

首先是运河交通的发展。中国领土上有几条天然河流，黄河自西流向东，长江、珠江亦自西流向东，其最大特点为，流经地区纬度差不多，故气候亦差不多。因此天然河流对于各地之间物产交换与商业发展虽有帮助，但程度极有限。反之，隋炀帝所建的运河之最大特点则是联系南方与北方。北方为寒带，南方为温带，气候不同，故南北方的物产也不同，因为作物有宜于寒带或宜于温带的。故运河对商业的发展有很大的贡献，因它能联系两个物产不同的地区之故也。中国重要的城市均在河流与运河旁，因为水道交通运输方便，而城市为商业中心，故商业便发达了。

其次，唐宋时代为中国历史上第二个大一统的时代，因国家长时期在统一政权下，各地社会秩序良好安定，各地间的商品运输安全，不易受抢，故物品交换发达。南北朝时，各地治安不好，商人运货要带兵保卫。而自唐开始，由于国家的统一，治安的良好，故无上述情形。《通典·食货七》载，开元、天宝时，商人"远适数千里，不持寸刃"。《旧唐书·玄宗纪下》云："天下又安，虽行万里，不持兵刃。"由于各地治安的良好，商品易于交换，故商业发展起来。由于国家长期统一，各地农工生产量大增，且运输安全畅通，故市场上多商品出卖，商业便发达了。且政府施行休养生息政策，人口大增，人人均为消费者，他们在市场上对各种物品的需要与购买影响到商业的发展。

再者，中国自7世纪开始，海外交通发展起来，中国与外国由海洋而发生密切关系，海外贸易日趋发达。7世纪时，亚洲西部的阿拉伯半岛发展起来，回教教主穆罕默德在632年（唐初）死，其所建回教组织了阿拉伯联盟，有强大的军事力量，一手执剑，一手执《可兰经》，将其同派别者组织起来。他们一直打到印度河河口，又打到中国西藏地区，向西又占领北非，并在711年渡过地中海，占领西班牙、葡萄牙。回教徒喜旅行，其教义中希望每一教徒一生中能到麦加朝圣一次。由于回教人民发展旅行事业，故商业也发展起来了，因此国际贸易就发展起来。

唐代称阿拉伯为"大食"，当时有波斯（伊朗）、大食的"商胡"（即经商之外国人）到中国经商。中国对外交通自唐开始，一直到15世纪末西方向外航海发现新大陆，大部分是对回教徒的。在15世纪末欧洲人直接航海到达东方之前，东西交通由阿拉伯人控制。故自唐代起，中国的对外贸易开始发展了。

2. 唐宋国际贸易情形

在唐宋时代，中国的海外贸易是由阿拉伯人或回教徒到中国来经商，中外贸易由阿拉伯人控制。到15世纪末欧洲人（葡萄牙人等）经好望角绕道到达东方后，中西之间才开始有贸易。

唐代的港口有广州、交州（今河内附近）、扬州、泉州等。宋代的港口有广州、明州（今浙江宁波）、杭州、泉州等。在南宋时，尤以杭州、泉州的商业最为发达。据《宋史·食货志》记载，当时出口货物有金、银、铜钱、绢、瓷器等，入口的则有香料、珠玉、象牙、犀角等。

当时中国出口铜钱，因南洋各国无铜出产。1827年在新加坡地底发现宋钱，1860年在印尼爪哇地底发现宋钱，1894年、1898年英国人在非洲东海岸地底发现宋钱。百余年前的南洋各国及非洲东岸均发现宋钱，可见宋代铜钱有出口。中国当时的工业要比南洋发达，运出国外的为工业制成品，而运入中国的则为工业原料，故已为工业制造国家了。至于南洋各地出口中国之货物，因运费重，故只能运价高的装饰品、奢侈品来华，以香料、珠玉、象牙、犀角为大宗。

当时政府设立关税，叫"抽解"，对细色、粗色之货税率不同，细色（如珍珠、龙脑香等商品）抽十分之一之税，粗色抽十分之三之税。除"抽解"外，政府有权搜购外国来货之一部或全部，由宫廷派人到广州购买。唐时在广州设"宫市使"，宋时汴京有"榷易院"，皆负责此事。

宋代主管海关业务的机构叫"市舶司"，政府用"折博本钱"（又称"博易本钱"或"市舶本钱"）到广州市场搜购物资，再将购得货物运到汴京的榷易院，然后转卖给人民，以增加财政收入。

当时政府向外国商人收购的货物有两类：一是"禁榷货"，即由市舶使收购再转到榷易院卖给人民者；二是"放通行货物"，即政府不加收买者。例如超过30斤重的象牙，规定由政府低于市价收买，外商取巧，将大的象牙锯成数小块，以避免政府收购，即由"禁榷货"而变成"放通行货物"。南宋初年，政府以市舶本钱购买外国商品总额达200万贯。当时政府一年的财政收入约为4 000万到4 500万贯，其中抽解所得占总收入的5%。

市舶司之主管称为"提举市舶使"（唐时称"市舶使"），据《宋史·职官志》载，其职务为：（一）藩贺——外国使臣来华朝贡，或庆贺中国皇帝生日，由提举市舶使管（今由礼宾司管）；（二）海舶——管理外国开到中国的船（今由港务局管）；（三）征榷——收关税；（四）贸易——代表中国政府购买外国商品。

南宋时，阿拉伯商人蒲寿庚到泉州来做生意，长期住在中国，南宋政府请他任提举泉州市舶使，他一面从事海外贸易，一面做官，在泉州很有势力。南宋末，蒙古军打到杭州，皇帝逃到福建，无船运兵，征用蒲船运兵，蒲不悦，便投降蒙古，与南宋捣乱。南宋在闽不能立足，便逃到广东，今九龙有宋王台。日人桑原骘藏著有《蒲寿庚考》，近人罗香林也有相关研究。

宋时港口有"藩坊"，为外国人住所，领袖为"藩长"。外国人犯法，由藩长审问处置，相当于今之领事裁判权。此外又有"藩学"之设，内容不详，但可见当时在华外商之多。

宋代时，中国对外贸易除了海道外，另有通过陆路与外国人经商者。在宋与辽、金、西夏的交界处，政府均设立"榷场"来经营商业。"榷"者，专利也，政府规定中国与外国经商必须在榷场进行。一方面因宋与辽、金、西夏诸国间常有战乱，但相互之间则仍有来往。不过中国出口商品之种类有限制，如军用品及其他违禁品不得出口。另一方面是因便于收税，故规定须在榷场交易也。此为榷场制的来源。

六、唐宋时的城市

唐代时，中国各地做买卖的地方按打鼓开市、闭市，自中午到太阳下山前为市。到唐后期则逐渐破坏了，有的发达地区甚至有夜市。当时大城市均有市，如长安有东市、西市，洛阳有南市、北市，扬州有东市。

唐代各城市中，同一行业之商店集中的地方称为"行"，如肉行、铁行、衣行，即肉食、铁器、衣服集中之地。同一行业自然地组织起来，史载有"行首""行头""行老"之称。不过在城市中，同一商店的集中情形因地理环境而有不同。依日期来分，唐代的市有每天经营的，如米市、菜市；有的每隔几天开市一次，称"虚市"（今称"墟市"），为定期市；有的一年只开市两三次，如成都的药市、蚕市（采药来卖及将蚕种出卖的）。在大城市中各种商品均有做买卖的，依地点来分，有的市在一般街市上做买卖，有的市在寺庙门口或附近做买卖，北方叫"庙会"，如北宋时河南开封以相国寺为中心，在附近一带集中做买卖，有零售商也有批发商。

关于唐宋城市商业发展的情形，下面以扬州、汴京与杭州为例作一说明。

1. 扬州

扬州在长江与运河之交叉点，在运河建成后兴起，因有长江与运河助其发展。唐代诗人王建《夜看扬州市》诗云：

> 夜市千灯照碧云，高楼红袖客纷纷。
> 如今不似时平日，犹自笙歌彻晓闻。

可见唐代时扬州已有夜市，物质生活繁华，当时有"扬一益二"之谚语。

宋人洪迈《容斋随笔》卷九《唐扬州之盛》记云："唐世盐铁转运使在扬州，尽斡利权，判官多至数十人，商贾如织。"因为扬州附近及其北部地区均可煮盐，由于交通的发展，盐商以扬州为中心，将盐运到各地去卖，故极富有。白居易《盐商妇》诗云"盐商妇，多金帛"（《白氏长庆集》卷四），可见盐商太太非常有钱，生活极其华贵。

由于交通方便，四川出的锦亦运到扬州出卖，杜牧《扬州》诗云："蜀船红锦重，越橐水沉堆。"又，《太平广记》中亦提及扬州的茶、珠宝、木材、药材等贸易均很发达。

扬州虽距海远，但因为是运河、长江之交叉点，故唐时有不少外国商人居住于此，为国际贸易的商埠。《旧唐书·邓景山传》记云，肃宗上元元年（760年）时"商胡大食、波斯等商旅死者数千人"。

在扬州的对外商品贸易中，最重要者为珠宝。因自大食、波斯运货来扬州途远而费高，但珠宝却体小量轻而价贵，故易盈利也。据《太平广记》所记，扬州有一种波斯店，除买卖珠宝外，尚从事金融活动，即等于今之洋行。其中有保险柜等安全设备，方便有钱人送财宝去保存，存了钱后不必原人去取，只要以存物者之一特殊物如帽、伞等为记，持之便可取回钱，相当于今日银行存款开支票然。

扬州为极繁荣之城市，唐末毕师铎、杨行密、孙儒、秦彦等藩镇互攻，扬州便毁于战火。北宋时扬州之繁华及人口均不及唐代时的十分之一了。

后来另一城市发展起来，取代了扬州，此即在扬州附近而靠近长江之真州（唐时称白沙镇）。宋人沈括在《梦溪笔谈》中说及北宋时建设了对外的水道交通，真州因水浅，大船不能通行，起初只能通行300石的船。真州水闸建成之后，便可通行400石至700石的官船及1600余石的私船了。由于水闸的建成，真州的运输业大为发展，成为长江运河之运输业中心。真州在北宋时为江淮两浙荆湖发运使的治所（衙门），将江淮、江浙、两湖一带之米运到首都汴京，故在北宋时能取代扬州之经济地位。

唐代时扬州的盐业买卖很大，到宋代盐业中心也移到真州了，由湖南、湖北之米船折返时运盐回来。宋代茶是专卖的，由"榷货务"主持茶的买卖，唐代时以扬州为中心，宋代则以真州为中心。真州的商业发展起来，其关键便是唐末之战祸毁灭了扬州。

2. 汴京

汴京（即开封，又称东京）在运河以北，为北宋首都，唐时为汴州府治，其商业发达之原因即由于在运河之旁也。

如欲研究汴京社会经济情形，有孟元老《东京梦华录》一书可看，其卷五云："以其人烟浩穰，添十万众不觉多，减之不觉少。"汴京为北宋首都，因北宋实行强有力的中央集权政策，官员多居住于此，并有大军驻防。汴京官员多，军人多，故商人亦多。人口多，消费亦大，故生意好。大官及宫廷贵族有钱，购买力很高，故各地商品均运到汴京出卖。《东京梦华录序》云："集四海之珍奇，皆归市易。"

因当地人口多，故除奢侈品外，日常必需品的消费亦大。该书记载汴京人吃的猪肉，每天要由一城门运入三万头猪以供需要，可见人口之多，消费之大。另外，米粮等必需品均经运河运到汴京。北宋政府又设立一种仓库，叫"折中仓"，专门自商人手中采购粮食而储藏之，以盐、茶为代价作交换。又，汴京的燃料用煤而不用柴，每天有大量的煤自全国各地运来。此外，由南方运到汴京的物资中还有茶叶。

《东京梦华录》卷二记载，城中有一"南通巷"，为"金银彩帛交易之所"，"每一交易，动即千万，骇人闻见"。说明汴京有金银彩帛之大交易所。

又，王栐《燕翼诒谋录》卷二云："东京相国寺，乃瓦市也。僧房散处，而中庭两庑可容万人，凡商旅交易，皆萃其中。四方趋京师，以货物求售，转售他物者，必由于此。"说明相国寺中有一"瓦市"，寺中大厅可容纳万人，可见该寺之大。此瓦市规定每月初一、十五、逢三、逢八之日子做买卖（即一月中有八天开市也），外地的人均来此经商。此"瓦市"之起源，可能是起初有很多人去拜佛、做佛事，本地人与外地人均有，因而发展成商业极盛的瓦市，成为商业特别发展之地区。

又据宋人蔡绦《铁围山丛谈》记载，汴京马行街有"夜市"，灯火照天，使蚊蚋怕到绝迹远遁，因蚊怕油味也，每晚直至四更才收市。

又，汴京酒的买卖也极大，以白樊楼酒店为例，楼有三层，经常有千余人在其中饮酒。当时卖酒的店有两种，头等的叫"正店"，二等的叫"脚店"，政府规定三千家酒店均向白樊楼批发，以方便集中收税。可见当时汴京白樊楼酒店规模之大。

汴京亦为当时印刷业中心，当时"教育部"印的书叫"国子监本"，除供应当地外，尚出口到高丽、辽国、安南（交趾）等外国。

此外，汴京尚有多种工业品的生产。

不过，汴京进口商品的价值，要多过出口商品的价值，即"贸易入超"。汴京既为入超，何以有许多钱来支付入超的价值？对此问题，可分析当地人口作为说明：

（一）汴京为中央政府所在地，公务员、军人、官员集中居此。政府自全国各地征收税赋，以支发薪水给上述人员，即当地官员所花的钱为来自全国各地者。

（二）当时汴京有3 800名太学生在太学攻读，他们来自全国各地，每年自家乡带钱来花，又可说代表了一些人口从各地带钱来用。

（三）在汴京经常有不少参加科举的人，每三年考一次进士（相当于今之高等文官考试），他们也能带钱来花。

（四）汴京在全国中为大都会，物质享受很多，外地游客常带钱来花。

（五）有不少地主阶级人物，在家乡有土地，因汴京生活奢侈，故常带钱来用。

（六）在汴京，各种行业的人均能赚外地人的钱，如工商业家能赚外地人的钱，各地病人来汴京看名医，开旅馆的人也能赚外地游客的钱。

由于上述诸多原因，故汴京虽然入超，但仍能通过向外地赚钱来花用。

3. 杭州

北宋末年金人入侵，政府受金军压迫，故搬到杭州，历百多年始亡国。因中央政府有大量人口，故需要一富庶而近运河之城作行在也。杭州由于运河交通的发达，工商业大为发展。欲研究南宋时杭州社会经济情形，则吴自牧《梦粱录》、周密《武林旧事》、西湖老人《繁胜录》、耐得翁《都城纪胜》等书皆为好材料。

《梦粱录》卷十六记载，当时杭州人口极多，城内外有数十万户，百十万口。因人口多，故消费大，货物由各地供应，有"东门菜，西门水，南门柴，北门米"之谚语，即各类货品每天自各个城门运入。

因杭州近海，除上述日常用品外，也有外国远路运来的商品，故有"市舶务"（相当于今之海关）之设立。

杭州有"塌房"（即堆栈、货仓）用以储存商品，四周有水，不怕火灾，夜间雇看更人，有数千间之多，用以储存外地来货。

杭州城买卖之大，可据《梦粱录》所记看出，卷十三云："杭城乃四方辐辏之地，即与外郡不同，所以客贩往来，旁午于道，曾无虚日。"又云："杭城是行都之处，万物所聚，诸行百市，自和宁门杈子外至观桥下，无一家不买卖者。……每日街市，不知货几何也。"由于买卖极大，故宋人笔记中称此地为"地上天宫"。

除了大城市外，农村尚有"墟市"（当时叫"虚市"，即平时是虚空的），隔几天做一次交易，不必每天开市，消费者只限当地农人。

七、唐宋工业情形

由于唐宋时期水道交通（如运河等）的发展，商人可运货物到各地出卖，且国家统一，人口增加，故对工业品的需要也增加。而且中国对外出口之商品中有不少是工业品，表示中国工业品的销路非常好。由于生产的增加，再加上中国技术经验的进步，故中国工业比别的国家高明。工业进步之表现如下：

（一）造纸术：

中国在汉代已开始有造纸术，唐天宝时（8世纪中叶），高仙芝率军到西藏与大食国（阿拉伯）作战，部分唐军被俘，其中有造纸匠，大食国的人利用这些战俘而发展造纸工业，因此造纸术才传到欧洲。

（二）印刷术：

唐末五代时，冯道发明印刷技术。宋初开宝五年（972年）时《大藏经》印成，有1 521种佛经，共5 000册，13万页，可见工程之大。据沈括《梦溪笔谈》卷十八记载，北宋时毕昇发明了活字印刷术。

西方发明印刷术则稍晚，欧洲最早发明印刷机的为德国人古腾堡（Johannes Gutenberg），于1440年后的十年中在美因茨（Mainz）发明。可见中国比西方早发明四五百年，也可能德国人所发明的是由中国传去的，可见中国的工业技术比西方进步。

（三）罗盘（指南针）：

北宋中叶时，朱彧之父在广州做官，他到了广州后，写有《萍洲可谈》一书，记载将罗盘放在船上航海用。时为11世纪末12世纪初，此为中国最早提到用指南针航海的记载。日人桑原骘藏在《蒲寿庚考》中也提到中国为世界上最早用指南针航海者。

西方要到13世纪初，在阿拉伯人的书中才提到用罗盘航海，中国比他们要早一百年左右。西方人有了用罗盘航海的技术后，才能航海到印度洋并向东方发展，才能发现新大陆。

（四）火药：

火药也是中国先发明，并由中国传到西方的。英国人培根（Roger Bacon）在13世纪中叶（1249年）才发明火药，中国则在宋代时（1044年）已发明火药，比培根早两百多年，可参看李约瑟《中国的科学与文明》一书（Joseph Needham, *Science & Civilization in China*）。

《武经总要》卷十二中提到"硫磺"与"焰硝"（硝石），又《宋会要辑稿》卷一八五中提到唐福制造"火箭""火毬""火蒺藜"等火器，贡献给政府与辽国作战。《三朝北盟会编》卷六八载，北宋末金人侵犯汴京，汴京守将姚友仲用"金汁炮"与"蒺藜炮"击退敌军，时为1126年。又，《皇宋通鉴长编纪事本末》卷一四七载，李纲防守汴京，用"霹雳炮"与金军作战。

西方人用火药，要到1249年才有记载，而中国在12世纪初已使用火药作战了。

（五）冶铁工业：

自唐到宋，中国经过长时期的统一，商业的发展也使工业有了大发展。Robert Hartwell在美国出版的经济史刊物 *Journal of Economic History* 1966年3月号上发表一文，题为《十一世纪中国之宋代钢铁工业的技术结构及生产情形》（*Markets, Technology and the Structure of Enterprise in the Development of the Eleventh-Century Chinese Iron & Steel Industry*）。此文中有一统计：1078年北宋产铁12.5万吨，1700

年西欧各国产铁15.1万~18.5万吨。英国在1788年时（工业革命前）产铁7.6万吨，尚不及宋代，可见宋代产铁业之发达。

又，中国的铁产量自唐到宋增加很大。806年（唐代）平均每人生产0.5磅铁，1078年（北宋）平均每人生产3.1磅铁，而1700年欧洲平均每人生产3.5~4.3磅铁。则从北宋的平均产铁量来看，北宋时中国的重工业为同时期全世界最发达的。

宋代冶铁最发达的地区为自河北南部到江苏北部，此为北宋时的冶铁工业区。元丰元年（1078年）时，此地区产铁5.8万吨，占全国总产量的一半左右（全国为12.5万吨）。当时苏东坡在《徐州上皇帝书》（《东坡集》卷二四）中云：

> （徐）州之东北七十余里，即利国监，自古为铁官，商贾所聚，其民富乐，凡三十六冶。冶户皆大家，藏镪巨万。……地既产精铁，而民皆善锻。……今三十六冶，冶各百余人，采矿伐炭，多饥寒亡命强力鸷忍之民也。

由此可见当地冶铁业之盛。

（六）炼焦煤：

据苏东坡记载，当时徐州"采矿伐炭"者在3 600人以上，此乃江苏徐州开矿之记载。所用何炭？东坡有《石炭》诗可证明之。《分类东坡诗》卷二五《石炭》诗《序》云："彭城旧无石炭。元丰元年十二月，始遣人访获取于州之西南白土镇之北，以冶铁作兵，犀利胜常云。"按上述记载，徐州冶铁业之所以发展，乃因其是产煤之地也。

近年来，有人调查发现此地为烟煤，因有硫磺等杂质，须先炼成焦煤才能作为炼铁之燃料。故当时苏东坡所描写之徐州人很可能已懂得炼焦煤之法了。言宋时已知用焦煤炼铁有一旁证，《续资治通鉴长编》卷一六四记曰，仁宗庆历时，山西人已知铸铁钱时要"烧石炭"。

西方要到1619年时，英国人Dud Dudley才开始用煤作燃料炼铁，但他不知道用焦煤炼铁，因此铁质极坏，失败了。英国人经长时间的试验，到1709年时Abraham Derby才用焦煤炼铁成功，时已18世纪初矣，而中国比英国（即欧西）要早数百年。

中国有一"女娲氏炼石补天"之神话，此神话出于山西，"石"即指石炭，即煤，因山西为煤矿储藏丰富之处。

元初马可·波罗在游记中提到中国极富有，从地下挖出石头可作燃料烧水煮物。时为公元13世纪，可见此时煤在欧洲并非普遍用作燃料。

八、唐宋货币情形

1. 唐宋时铜钱使用情形

魏晋南北朝时，主要流通实物货币（布、帛、绢等），自汉末以来近五百年间均以此为主。然而到了中国历史上第二次大一统时期的隋唐宋时代，由于运河促进南北交通及商业的发展，人们开始感到实物货币的不方便。

《通典·食货九》载玄宗开元二十二年（734年）三月诏云："布帛不可以尺寸为交易，菽粟不可以秒勺贸有无。"布帛只能用匹，不能分割，故不方便。由唐代始，政府设法开采铜矿铸钱，钱的流通量遂逐渐增加了。

唐代用铜钱代替布帛作为货币的情形，可自刘晏所说"自言如见钱流地上"（《新唐书·刘晏传》）见之。刘晏为唐初主管财政的高官，从事财政改革，他曾任转运使，相当于财政部长（唐代后期有判度支、判户部、盐铁转运使三官，主持执行国家财经政策）。钱为商业发展所不可少的交换媒介，故金属货币代替了布帛来流通。

自唐初起，租税制实行租庸调制，到德宗建中元年（780年）时，改为实行杨炎的"两税法"，即分夏、秋两次纳税给政府，且改为货币租税而非实物了。这表示钱已成为主要货币，故可用钱纳税。

又，唐代官员的薪俸中有"俸料钱"，在唐初占比例很少，到唐后期逐渐成为官吏主要的工资了，表示钱的流通增加了。

不过，唐由以实物转为以铜钱作货币后，铜不够做钱之用。在此情形下，唐代对宗教实行改革，其中唐武宗时最为激烈。武宗于会昌五年（845年）灭佛毁法，将铜像、钟、磬等没收归公，送造币厂。《唐会要》载会昌五年八月制曰：

汉魏之后，像教寖兴，是逢季时，传此异俗，因缘染习，蔓衍滋多。……两京城阙，僧徒日广，佛寺日崇，劳人力于土木之功，夺人利为金宝之饰。……宜从所请，诚惩千古之蠹源，成百王之典法，济物利众，予不让焉。其天下所拆寺四千六百余所，还俗僧尼二十六万余人，收充两税户，拆招提兰若四万余所，收膏腴上田数千万顷。

唐代各地由于佛教发展而耗铜太多，当时灭佛实由于用铜铸钱之希望甚殷切也，故毁法运动实为满足铜的需要。一般人以为因唐帝姓李，其祖先李耳为道教始祖，故毁佛，此说不对。

自唐至宋几百年间，据唐、宋《食货志》所记，宋代钱的流通量比唐代为多，如下表：

年份	流通量
唐天宝年间（742—756年）	327 000贯
唐贞元二十年（804年）	135 000贯
宋庆历年间（1041—1048年）	3 000 000贯
宋熙宁六年（1073年）	6 000 000贯

由唐至宋，货币经济（money economy）日益发展，此为隋唐宋时期经济的一大特点。可是宋代钱币数量虽大增，但仍不够用，其原因有二：一是钱币出口多，北宋时有钱荒，因当时有不少钱流出到南洋各地及非洲东岸，不能全部在中国内地流通。二是当时人销钱为器，因将钱销毁制成铜器后出卖价钱较高，故铸钱的虽多，但流通的仍少。上述二事均为政府所禁止，但走私出口和做铜器均可赚钱，故偷偷为之者仍多。不过由宋代铸钱之多，可知宋时铜矿开采比唐时要发展。

2. 唐宋时的纸币

自唐到宋，商业发展快，钱不够用，故宋代时自然地发展了信用货币——"交子"。时为宋真宗时代，最初在四川开始应用。

"交子"相当于货币，其发明原因是由于"信用事业"的发展。唐代时大都市中有金融业机构叫"柜坊"，即有保险设备的商业房屋，可想象当时买卖很多。因有柜坊的安全设备，方便市民存放价贵物品，取钱时，凭存钱者的特定记号到取即可。如《太平广记》卷十六"张老"条所记，存款到柜坊后，请人以其席帽为信便取出一千万钱。又《太平广记》卷十七"卢李二生"条云，有人在柜坊存钱，用手杖取出二万贯钱。此种可存取钱物的柜坊，为中国信用事业的最初情形。

到宋代时，不再用帽、手杖等物，而改用"帖"，可请人持帖去柜坊取钱，如今日支票然。可知自唐至宋的"柜坊"即为初期的银行业，可知当时已有大买卖，交易时不必用现钱，而是信用。由于柜坊业务的发展，中国人便知用信用来从事大买卖。

唐代时又有"飞钱"，即今日汇兑用的汇票。唐时有节度使，为诸道长官，在京设有办事处，叫"进奏院"，如欲自京都送钱到各道，交进奏院即可负责转达，此即汇兑。当时军队在首都亦有办事处，各地驻防军亦可办理此种飞钱业务。盐铁使收取盐铁专卖的利益，在各地设有"巡院"，也可办理飞钱业务。因此商人知道，到外地购买商品时不必用现钱。

由于唐代柜坊、飞钱等信用事业的发展，到了北宋时代，作为信用货币的交子就大为发展起来。

宋代有"三司"制（户部、度支、盐铁使），此时有"便钱"，即唐代之飞钱，即可不用现款，用汇票之法，以便经商。此即信用货币的开始。

北宋时交子最先在四川流行，何以故？因为四川为近国境边界处，常有铜钱外流，为免此弊，故以铁铸钱（因铜比较宝贵），以免再有铜钱出口现象。故靠近边区之地用铁钱而不用铜钱，四川便为铁钱流行地区之一。但铁钱量多而重，使用时不方便，且四川自唐末至宋未遭受战争之破坏，故商业发达，此可由四川成都有大规模的药市、蚕市来证明。

由于四川一方面商业发达，一方面铁钱笨重不便，故到宋真宗时，有十六户富商联合发明纸币——"交子"（见李攸《宋朝事实》卷十五）。当时十六户富商所发行之交子，人们并不立即兑现，因此富商们便投机经商，但等有人要兑现时便拿不出现款，导致交子价值降低。到宋仁宗天圣元年（1023年），政府在成都设立机构叫"交子务"，由政府办理，当时发行交子125万贯（其中有准备金36万贯，占29%）。此为北宋发行交子的情形。除四川外，在近四川的陕西也有部分流通。

南宋之纸币叫"会子"。南宋初期，由于流通地区不同，共有四种货币：（一）"行在会子"，在杭州行在流通。（二）"川引"，在四川流通。（三）"淮交"，为在江苏、安徽之淮南地区流通之交子。（四）"湖会"，为在湖南、湖北流通之会子。

南宋初期，自宋高宗时直至宋孝宗时，会子流通情形很好。宋孝宗极为谨慎从事，有一次他说："朕以会子之故，几乎十年睡不着。"他尽量使会子不贬值，故尚能维持其原值。但后来开始大量增加发行会子，如下表所示：

年份	发行量
宋孝宗乾道、淳熙年间（1165—1189年）	0.2亿贯
宋宁宗开禧年间（1205—1207年）	1.4亿贯
宋理宗绍定六年（1233年）	3.2亿贯
宋理宗淳祐六年（1246年）	6.5亿贯

由于会子发行日多，政府又无充分准备金，因此价值不能稳定，开始大幅贬值，遂造成南宋时代之通货膨胀。

南宋度宗时（1265—1274年），即宋亡国前夕，宰相贾似道见会子价太低，便发行新币"金银见钱关子"。但事实上仍无准备金，发行结果造成物价狂涨，故南宋末之诗人大骂贾似道。高斯得《耻堂存稿》卷七《物价日甚》诗云：

> 自从为关以为暴，物价何止相倍蓗。
> 人生衣食为大命，今已勦绝无余遗。
> 真珠作襦锦作裤，白玉为饭金为糜。
> 苍天苍天此何人，构此大疾谁能医。
> 无食吾欲食其肉，无衣吾欲寝其皮。
> 谁能为我覆八溟，一洗世界无疮痍。
> 丝麻粪土被天下，菽粟水火赒民饥。
> 风后力牧不可起，吾辈碌碌安能追。

南宋军队虽不能收复失地，但与元兵作战甚有成绩，不过终为元所灭。除军事外，经济亦为一主因。由于南宋货币购买力低，军人一日所得军饷不足买一双草鞋，当时军人与公务员都很苦，故灭亡。

宋代除钱与纸币外，尚有银子。唐初已开始用银作货币，但中国银矿储藏量并不丰富，因此唐宋时较少以银为货币。到明代中叶，美洲之银大量流入中国，才开始普遍以银作为货币。

九、唐宋的田制与农业

1. 均田制与唐宋农业生产情形

唐代田制与北魏相同，亦实行均田制。男子到18岁可由政府配给口分田80亩、永业田20亩，前者相当于北魏的露田，60岁时还政府40亩，死时再还其余40亩；后者又称"桑田"，种桑枣用，死后不必还，可传子。均田制的好处在于扶植自耕农，让农民不必租人之田，耕种所得亦归自己所有，因此人人肯努力生产。

但均田制之实行条件，要人口相对地少、土地相对地多，才可每人计口授田百亩。唐到后来人口大增，国家所控制之田地相对地减少了，无法分配给人民，故均田制便破坏了。另一方面，豪族大官常占有超过规定数额的土地，造成土地分配的不平均。同时穷人常违法将土地抵押、借债或出卖，到老时还不出土地给政府。且政府有一规定，人民自狭乡（地少人多之区）乐迁至宽乡（地多人少之区）者，准其出卖田地。因此土地渐渐操纵于少数人手中，便不平均了。

到唐代后半期，有大地主出现，拥有"庄园""庄田"的大幅土地，表示土地已集中于少数人之手。如《太平广记》卷一六五"王叟"条提到，在河南之北、河北之南有王叟者，他的庄田有200多户佃农耕种，可见其庄田之大。南宋末年，《宋史·食货志》载谢方叔言曰："今百姓膏腴皆归贵势之家（即大地主），租米有及百万石者。"可见南宋末年土地集中的情形。

唐宋时期农业生产的土地面积比较如下：唐玄宗天宝中（742—755年）有1 400余万顷（《通典·食货二》），宋英宗治平中（1064—1067年）有3 000万顷（《宋史·食货志》）。可见自唐到宋，中国的土地增加了一倍左右。

北宋所以能开辟更多的田地，是因为宋真宗派人到安南取占城稻，先传到闽，再传到各地栽种。占城稻之特点为：（一）可年收二回，有早稻、晚稻，故生产量增加。（二）性耐寒，在干旱少水地区及高地也可种稻了，因此稻田面积大量增加。

宋代农业生产方面，有"苏常熟，天下足"之谚，表示长江三角洲为全国谷仓，为全国稻米收成最丰富之地区。因此自唐到宋，每年均有大量米粮自长江下游经由运河北运。

2. 从租庸调制到两税法

唐代租税实行"租庸调制"，每一丁（18岁以上）可自政府得田百亩耕种，所纳之税为每丁每年租二石（相当于80亩中之2亩，即四十分之一的税率，比汉代的十五税一、三十税一为轻）、服役二十天（可每天用三尺绢代替，此即"庸"，汉时则要服三十天）、绢二丈（此即"调"，北魏时为此数的一倍，晋时则为六倍）。

此租庸调制之新特点为：（一）照钱穆《国史大纲》所说，此租税对人民而言负担是减轻了。（二）政府收取米、绢等实物，由于租税轻，故人民皆努力生产，因所得多归自己享用故也。

唐初除租庸调制外，尚有"户税"，用钱交而非实物，分上上、上中、上下、中上、中中、中下、下上、下中、下下九等，照资产多寡而划分，按此交钱。

此外又有"地税"，按田地多少，每亩收二升，收到后存入义仓，各地有粮荒时，取出以救济人民。

户税、地税并非每户一样，而是按其贫富及田地多少来收税，因当时有贵族大户也。

安史之乱时，政府增加一种租税，叫"青苗钱"，即政府打仗要用钱，在苗青而未黄熟时收取，故名。初定每亩10钱，后增为15钱。

唐代到建中元年（780年）时，废租庸调制而改为实行"两税法"，即一年中分两次征收，此法与租庸调税之不同处有数点：（一）租庸调税以人丁为单位缴税，两税法以户为单位缴税。（二）租庸调税用实物（粟、绢等）缴税，两税法用钱缴税（因当时钱的流通增加）。（三）租庸调税不包括户税、地税，两税法则包括户税、地税在内，均用钱交。（四）租庸调税一年交一次，两税法一年中分夏、秋两次交税。

改行两税法之原因在于，由于长时期的对外战争，有的人战死不报政府，在其户籍内仍有该丁之名字，政府继续要他们缴租庸调，但交不出，有积欠达30年不交者。此为租庸调制之流弊。又，大官、和尚等均不必缴租庸调，使人民负担不平均，故亟须改革。

3. 盐、酒、茶的专卖

盐产于沿海地区，政府在产盐区设立"监院"，制盐者叫"亭户"，所产之盐只能卖给监院，每斗10钱。监院得盐后，每斗加上"榷价"百钱，以每斗盐110钱的价格卖给商人。

安史乱后，盐铁转运使刘晏的专卖之法更为精密。商人买到盐后，可向各地自由出卖，由"巡院"查缉私盐，以增加政府收入。又在产盐区设立"常平盐"，以备远离产盐区之地盐价过高时低价抛出。经刘晏改革后，每年盐的专卖收入超过600万贯，占当时政府财政总收入的一半。

后刘晏为德宗宰相杨炎所杀，盐政虽由其旧部主持，但规制已渐乱矣。

唐代后半期酒也专卖了。由于制酒不限地区，偷酿私酒者多，且制酒之工具不及制盐之麻烦，故酒的专卖税所收不多。

据《通典·食货六》载，天宝八载（749年）时唐代政府一年之收入有钱200万贯、粟2 500万石、绢700万匹、绵185万屯（1屯等于6两）、布1 605万端（1端等于5丈）。故在天宝年间，政府之收入主要为实物。但自唐到宋，政府收入更为增加。唐代宗大历十四年（779年）时政府收入为1 200万贯，宋英宗治平二年（1065年）时为6 000万贯，宋神宗熙宁、元丰时（1068—1085年）亦为6 000万贯。可见自唐到宋，钱在政府收入中的比重日益增加。

在盐、酒、茶、商税等方面的税收，北宋时亦多于唐代。唐代时每年不过600万至1 000万贯，到北宋时则达到6 000万贯，具体统计如下：

	年份	收入
盐利	唐大历十四年（779年） 北宋宣和元年（1119年）	600万贯 2 500万贯
酒课	唐大和八年（834年） 北宋庆历五年（1045年）	156万贯 1 700万贯
茶税	唐代 北宋景德元年（1004年）	40万贯 569万贯
商税	（唐代缺） 北宋庆历年间（1041—1049年）	2 200万贯

4．王安石的新法

宋神宗熙宁时（1068—1077年），王安石实行种种改革，其中与社会经济有关者有下列数项：

（一）市易法。由于当时首都的大商人有垄断市场、压迫小商人的趋势，王安石遂用市易法对付之。政府设立"常平市易司"，在首都设立"市易务"，向"榷货务"借一笔钱作资本，将客商的货品定价收购，以免小商人受大商人之压迫而亏本。

（二）青苗法。农民穷困无本钱者，向有钱的人以高利贷取得贷款，以便买肥料、种子。王安石将"常平广惠仓"的钱贷给农民，叫"青苗钱"，到夏、秋二季收成时连本带息（不超过二分息）还给政府，比市面利息为低。

（三）募役法。宋代有四种"职役"（非兵役，亦非普通之力役），据《宋史·食货志》所记为：①衙前（以"主官物"为职），②里正、户长、乡书手（以"课督赋税"为职），③耆长、弓手、壮丁（以"逐捕盗贼"为职），④承符、人力、手力、散从官（以"给使令"为职）。由于北宋的大官、和尚、道士可免役，有人便在寺院道观挂个名，以求免役。因此安分守己的老百姓负担加重，尤其户的等级高的，负担更重。故在江南，有与母分居者，有祖母出嫁者，以免人口多、户的等级高，以求减轻徭役负担。王安石规定过去无徭役负担的要出钱助役，另外，原来服徭役的人，只要出"免役钱"便不必服徭役。出免役钱时，另须加多20%的"免役宽剩钱"，以备有水旱灾害人民付不起钱时，仍可由政府雇人服徭役。

（四）均输法。过去各地对京都均有进贡，即各地须将特产上供。王安石规定"徙贵就贱，用近易远"，即以近易远，变贵改贱，以近地的、贱价的特产上供。

（五）农田水利法。熙宁三年至九年间，王安石兴修水利凡10 793处，涉及田地总面积达36万余顷。

（六）方田均税法。"方"者，丈量也，即按照田地之地形、颜色及生产力高低的不同来规定赋税的高低。

（七）制置三司条例司。此机构之主要任务为确定国家的预算，去除冗费，即省去政府浪费的开支。

上述新法实行时并不理想，且受到旧有既得利益阶级的反对，故并不顺利。

当时政府发行的钱虽越来越多，但各地流通数量并不平均。由于南方交通便利，商业较为发展，易得钱，人民尚可交钱纳税（如青苗钱、免役钱等）。但司马光家乡的北方广大农村却很少有钱流通，故北方人民付不起钱，感觉负担沉重，故司马光反对新法。

又如青苗法，固然为好政策，但秋收时要还本钱与20%的利息，夏、秋收成时，不能还谷子，须卖谷而得钱，导致农产品价格降低，于是农民便要拿出更多农产品才能得钱交税。且钱一入国库，外面流通的钱更少，物价就高，农民损失更大，生活更困苦，故旧党反对王氏新法。

又，政府专卖酒的机构在发放青苗钱处的旁边设立歌台舞榭，农民借了钱之后抵受不起诱惑，便花大量金钱于歌舞娱乐之所，而未将贷款善加利用，故又为人民所反对。

结　论

中国到隋唐宋时代，为历史上的第二次大一统帝国时代。由于长期统一，生产增加，在12世纪时，中国有超过2 000万户，每户如以5人计，全国便超过1亿人口，比公元2年时汉代的5 900多万人口增加近一倍。人口增加的原因，在于农业能生产更多的粮食，例如安南占城稻传入对农产增加的促进。宋代有"苏常熟，天下足"之谚，长江下游地区的粮食供应保证了增加人口的需要。

增加的人口有不少在大城市中，而大城市田地少，粮食不够，须由外地运入。如唐的洛阳、长安，北宋的汴京，均须由长江流域北运粮食供应，故亟须依靠运河之水运也。运河能将长江南方与黄河北方温、寒二带相联系，对南北物产的交流和国内商业的发展大有贡献。运河沿线的洛阳、开封、陈留、睢阳、宿州、泗州、扬州、真州、镇江、无锡、苏州、杭州等均成了大城市，并造成了货币经济的大发展。

第五章
元代社会经济概况

元太祖成吉思汗在宋时（1206年）已建立大蒙古国，元世祖忽必烈于1276年统一中国，到1368年元朝亡，统一中国不及百年。

如以长城为界，长城以北地区面积为300万平方英里，而长城以南地区为150万平方英里左右，两者为二比一，但长城以南之人口却十倍于长城以北及西北之人口。照西方情形，往往自人口密的地区迁移到人口稀的地区，如美国由东部移民到西部。而中国之不向长城以北移民是由于中国本部是农业社会，而长城以北为草原、沙漠，只适宜养牛马，大家逐水草而居，水缺少时报酬便随之递减。草原人民依靠牛羊解决生活问题，食牛羊之肉，饮牛羊之血，衣牛羊之皮，住牛羊皮做成之帐幕，以干牛羊粪作燃料，惯于骑马以牧养牛羊群，故北方的骑兵优良，善于机动作战。当长城以南的农民秋收后，北方的骑兵常作突击式的攻掠，将南方农业社会之财富劫去，或占城夺地，此为当时游牧社会与农业社会之关系。故南方人不去北方移居，因水土、气候、生活方式种种不同故也。

唐初之所以能打破突厥，可能由于北方天气极寒，马被冻死。宋末蒙古军打到中国本部时，见有农田、城市，与其原来生活大异。由于他们不习惯农村田园生活，便想将中国本部的农业毁灭，但为耶律楚材（曾任成吉思汗秘书）所劝阻。耶律楚材劝其勿毁农田，彼愿负责管理，每年纳给政府40万石粮粟、8万匹丝织品及若干金银财物（参见《元史·耶律楚材传》及《元文类》卷五七载宋子贞《中书令耶律公神道碑》），因此汉人文化才不致被游牧民族所毁坏。此为蒙古人初到中国占部分领土后之情形。

一、元代之海运

元代建都于燕（北平），比宋的汴京更北。燕京因天气冷，农产有限，但军政人员多，有大量人口，粮食消耗大，元政府便设法自长江流域运粮到北方。当时以海运为主，因为长江流域为全国谷仓，而燕京距长江流域远，故发展海运，利用海盗朱清、张瑄等人帮忙运粮到燕京。

《元史·食货志》与《新元史·食货志》中记载了当时海运的情形，世祖至元二十年（1283年）时有平底船60艘，运粮4.6万石；世祖至元二十七年（1290年）运粮159万石，至者151万石；文宗天历二年（1329年）运粮352万石，至者334万石；顺帝至正元年（1341年）运粮380万石。

当时南粮北运，也有一条运河，叫会通河，经苏北、山东到燕京。此河在至元二十六年（1289年）修成，但运输不大便利，故当时仍以海运为主，每年有300万石粮自江南北运。但自至正元年开始，张士诚占据江南，阻粮北运，遂使元朝廷发生困难。元中央政府只好采取怀柔政策，但一年运粮只有十多万石，故促成元代之财困而亡。

二、元代之货币

除海运外，元代在经济上尚有一特点，即其货币流通——元代乃以纸币为唯一流通货币的朝代。

元代快统一时，于中统元年（1260年）发行"中统元宝交钞"，单位以贯计，1贯等于1两银，交钞面额有2贯、1贯、500钱、300钱。另有辅币"厘钞"，面额有5钱、3钱、2钱。但交钞日久贬值，故在至元二十四年（1287年）时又发行"至元通行宝钞"，价值是中统元宝交钞的5倍，即至元宝钞1贯等于中统交钞5贯，但日久又贬值。到至大二年（1309年）时又发行"至大银钞"，价值又是至元宝钞的5倍，即至大银钞1贯等于至元宝钞5贯，等于中统交钞25贯。

中统元宝交钞发行初期，以金银为"钞母"（即准备金），存放钞母处叫"平准行用库"，交钞可向政府兑换现银。因有充足的准备金，故能保证币值稳定。且当时政府规定交税必须用中统交钞，由于政府以身作则，故交钞价值高且稳定。

钞票的价值表现在物品价格方面，元政府努力使物价不上涨，其办法为在平准行用库存有大量物资，待市场价高时平价抛售之。商品中又以粮食最为重要，政府在各地设常平仓，米价高时由政府平价抛售。由于中统元宝交钞最初发行的数量较少，故政府易于控制。

但发钞经过一二十年后，元政府财政逐渐发生困难。且至元年间（1264—1294年）开始不断出兵打日本、爪哇、安南、缅甸，但此种远征并不对元有利。打日本遇大风而退还，打爪哇用千条船而无结果，打安南、缅甸费时间、金钱均多，故造成元政府之收入不够支出。且在军事之外，在佛事方面亦大加铺张。又如皇帝生日或宴庆时，对诸王赏赐数额甚巨，使政府财政入不敷出。因此政府改变了稳定钞票价值之举，而平准行用库空虚无钱，常平仓亦无粮，发钞数量大增，租税收入则减少，故造成钞票价值的不稳与降低。

元末至正年间（1341—1370年）群雄割据，张士诚据有江南，阻海盗运粮到北方，有的则阻政府收税。故政府只得大量发行"至正交钞"，同时又准许铜钱作货币流通。此时钞票等于废纸，人人皆不用钞而用铜钱，导致通货膨胀，元遂因经济崩溃而亡。

第六章
明代社会经济概况

所谓"近代",有人认为应以鸦片战争(1840—1842年)为起点,实则应从明代(1368—1644年)开始算起。因西方近代史是自1492年(明孝宗弘治五年)哥伦布发现新大陆开始,由此时起,世界整体观才算完成,故而中国之近代史亦当自15世纪(即明代中叶)始也。

欧洲经济最发展地区为地中海周围,地中海为多岛海,早期宜于航海,稍后再由地中海转移到大西洋沿岸,开始向远洋航行。因此西班牙派哥伦布远航,葡萄牙人绕过非洲南端到达印度洋,再往东到达中国,1557年租占澳门至今。荷兰航海业发达,技术高明,到达东方的印度尼西亚,使之成为荷属东印度。由于葡萄牙垄断航线,西班牙自南美洲转移到太平洋,1565年正式占领菲律宾。故自明代起,中国开始与世界历史发生密切关系。

此外,中国货币使用银本位始于明英宗正统元年(1436年)。虽然据日本学者加藤繁的研究,中国在宋代时已有人用银为货币,但并不普遍。宋元时以铜币为主,其他还有交子(北宋)、会子(南宋)、交钞(元)等纸币。后来钞票越来越多,有通货膨胀之现象出现,故政府禁止银子的流通,以维持钞票的价值。自正统元年始,交通不便地区可以用"金花银"代替"夏税"与"秋粮",每石米等于25两银子,银始成为正式流通的货币。直到1935年,中国、中央、交通、农民四大银行发行"法币",才成为金本位。

近年来，大陆学者常谈"资本主义萌芽"问题，可参看三联书店出版的《中国资本主义萌芽问题讨论集》。归纳来看，他们认为在明嘉靖、万历年间（16世纪初至17世纪初），中国的资本主义便开始萌芽，因当时已有利用资本投资及出卖劳动力等资本主义要素出现。

一、明代人口情形

人口与经济活动有极密切之关系，人人皆为消费者，亦皆为生产者，故先提人口问题。

中国的人口随时代的递进而增加。中国人口在明清之间的变化可据《续文献通考·户口考》，其中所记明代人口数字为：

年份	户数	口数
洪武二十六年（1393年）	10 652 872户	60 545 812口
弘治四年（1491年）	10 113 446户	53 281 158口
嘉靖元年（1522年）	9 721 652户	60 861 273口
隆庆六年（1571年）	10 621 436户	60 692 856口

若将此与前代户口数字相比较，汉平帝元始二年（公元2年）时人口数为5 900余万，唐玄宗天宝十三载（754年）时为960余万户，5 200余万口，北宋徽宗大观四年（1110年）时为2 000余万户，4 600余万口。

如果我们认为上述这些数字是对的，则中国人口便是长时期处在停顿中。《通典》的作者杜佑认为，唐天宝年间的户数应在1 300万以上，如此则比明时为多。若依照北宋大观四年的统计（据《宋史·地理志》），则宋代户数比明代为多。对此问题可参考何炳棣的 *Studies on the Population of China, 1368–1953* 一书及杨启樵《明实录中有关户籍记载证误》(《学术年刊》7期)一文。何氏认为中国人口在明初(1398年)应有6 500万以上,到明末(1600年左右)应有1.5亿以上。

故《续文献通考·户口考》所记洪武等四朝人口数必不可靠,一定比事实为低。如洪武二十六年的户口数字是由洪武十四年(1381年)时的户口调查得来,其调查之法是以每110户为一里,其中有里长10人,里长为丁、粮多者,其他100户分为10甲,每甲有甲首一名。里长、甲首轮流负责征收赋税,十年一轮,以甲为单位编成册,此册为黄色封面,故曰"黄册"。其中记载每户人口数字,将此统计数字由里呈县,由县呈府,再由府呈给布政司(相当于省政府),全国共十三布政司,布政司管民政、财政,其上有巡抚。布政司再将总册呈给户部,户部综合全部成为全国总册。政府根据黄册收赋征役,故又称"赋役黄册"。

由于明太祖英明,设立甚多法令以限制人民漏报户口,规定甲首、里长、县、府要负责,如有漏报等情况要受处分。故明太祖洪武年间的户口数字比较接近事实,但仍是偏低一点。其原因一是由于当时常打仗,故人丁流动性强而不安定,故人口统计难免偏低;二是由于边区地带多非汉人,故此等地区的人口统计也会偏低。此后因国家多事,政府不能进行有效的调查,地方官马虎从事,甚至借此权力发财,纵容少报人户以逃赋役的现象,故户口数字更为偏低。当时有军户、民户及匠户等户籍之分,其中军户负担尤重,须世代为兵,必须有军功而升到军官才能免兵役,故常要买通地方官以更改户籍。

此外,在地方志中亦有证据可以证明当时人口数字之偏低。如万历十六年《上海县志》中载当地每百名妇女所对应的男丁数为:

年份	男丁数
1391年	109.8
1412年	111.8
1520年	220.8
1572年	460.4

此表示妇女登记数字的减少。又嘉庆十年《福建连江县志》中载该地每户平均口数为：

年份	平均口数
1381年	4.40口
1482年	2.81口
1492年	2.85口
1512年	2.45口
1522年	2.70口
1578年	2.30口
1633年	2.79口

如以每户平均为五口推算之，则此地之口数明显少报了。又如万历三十七年《钱塘县志》，其中所记的口数实为作为纳税单位的丁数，而非实在的人口数字。

乾隆《吴江县志》卷四云："盛泽镇……去县治东南六十里，明初以村名，居民止五六十家，嘉靖间倍之……"可见人口是在快速地增加，并非如上述数字般停滞不增也。又据乾隆《震泽县志》卷四，元明时期该县各市镇户口增加情况如下：

年代	震泽镇	双杨市	严墓市	檀邱市	梅堰市
元	数十家（村）				
明初	数十家（村）	数十家（村）	100余家		（村）
成化年间（1465—1487年）	300~400家			40~50家	
嘉靖年间（1522—1566年）	600~800家	300余家	200余家	增数倍	500余家

由上表可见各地户口增加之情形，由此可以推知当时户口数在增加中。

清代人口在乾隆初（1736年）为1.4亿，乾隆末（1795年）达到3.1亿，此时代中人口大增。百年前（1850年左右）中国人口为4.3亿，到1953年时为5.8亿。自1750年至1850年间，中国人口增加了2.5亿。中国今日有7亿人，每年需自外国运进小麦500至600万吨。

以上为中国自明清以来（600年来）人口发展之情形。

自东晋南渡以后，南方及长江下游人口增加，唐宋至明代则尤为明显。洪武二十六年（1393年）时，长江下游的南直隶（今江苏、安徽）、浙江、江西三省有560余万户，3 000余万口，占到全国人口总数之50%左右，而上述三省面积只占全国的13%。北宋元丰三年（1080年）时此三省（即淮南路、两浙路及江南东、西路）共有550余万户（据《元丰九域志》），占全国户数的34%。而华北及西北的北直隶（河北、热河及察哈尔部分地区）、山西、陕西、甘肃诸省共有120余万户，830余万口，占全国户数的11.3%和口数的13.7%，而其面积则约两倍于上述三省。

以上为南北方人口分布不均的情形，即南方人口多而北方人口稀，何以有如此情形？此与隋唐以来中国社会经济的发展有极大关系。北方土地生产力降低，而当时南方的长江下游是全国稻米生产最丰处，宋代时有"苏常熟，天下足"之谚语。同样一亩田，稻米较其他粮食之生产量为多，故种稻可养活较多人口。此外，明初北方为明军与蒙古作战的战场，此亦为当时北方人口减少的原因之一。

故人口分布情形须由经济方面原因来说明。

二、明代农业情形

1. 土地与农业生产情形

据《续文献通考》，明代全国土地面积为：

年份	土地面积
洪武十四年（1381年）	8 496 000顷
弘治年间（1488—1505年）	6 228 058顷
万历年间（1573—1619年）	7 013 976顷
崇祯年间（1628—1644年）	7 837 524顷

上述洪武年间的数字比较可靠，而其后三朝数字则难以为据。明太祖洪武年间（1368—1398年）每年垦田数量如下：

年份	垦田面积
洪武元年（1368年）	770顷
洪武二年（1369年）	897顷
洪武三年（1370年）	2 135顷
洪武四年（1371年）	106 622顷
洪武六年（1373年）	353 980顷
洪武七年（1374年）	921 124顷
洪武八年（1375年）	62 308顷
洪武九年（1376年）	27 464顷
洪武十年（1377年）	1 513顷
洪武十二年（1379年）	273 104顷
洪武十三年（1380年）	53 931顷
共计	1 803 848顷

《明史·食货志》载嘉靖八年霍韬奏疏云：

自洪武迄弘治百四十年，天下额田已减强半，而湖广、河南、广东失额尤多。非拨给于王府，则欺隐于猾民。广东无藩府，非欺隐即委弃于寇贼矣。

又，顾炎武《天下郡国利病书》卷九四引《漳蒲志》云：

今深山中巅崖皆开垦种艺，地无旷土，人无遗力，然土田日增而顷亩粮税日减，即国家不尽民之财力而弊端所在，有司者宁不察其故乎？盖豪户猾书交互为弊，有私自垦田而全不报官者，有辟地数顷而止报升合者，又有隐匿腴田而捏作陷江者，有飞诡税粮而幻去亩籍者。夫是以新额无增于前，而原额日减于旧，职此之故也。环海之利，岁收不啻四五千金，其所输官者，未及五十分之一。

可知上述土地数字并非实际数字，而只是政府收租税的田亩数字。且因豪户地主作假舞弊，故当时的田亩数字并不准确。

朝代	年份	岁入
唐	天宝八载（749年）	25 000 000石
宋	天禧五年（1021年） 嘉祐年间（1056—1064年） 元祐元年（1086年）	29 830 000石 26 943 575石 24 450 000石
明	洪武年间（1368—1398年） 永乐年间（1403—1424年） 宣德年间（1426—1435年）	28 734 250石 31 788 696石 30 182 233石

根据上述各代粮食岁入的数字，可以判断明代岁入比唐宋时为多，此与当时稻米生产量的增加有关。

明末宋应星《天工开物》云："今天下育民人者，稻居什七，而来（小麦）牟（大麦）黍稷居什三。"可见明末时人主要以稻米为生。以前中国人以麦为主粮，故人口集中在黄河一带。大概自宋以来，长江流域人口渐增，而黄河一带之人口相对减少，故变为以稻米为主粮。在北宋时，占城稻由印度支那（Indochina）传入，宋真宗时已开始种植，至明代时已经数百年。占城稻产量高且易生长，与宋明之间粮食产量之增加甚有关系。

在水利建设方面，据《明太祖实录》《明史·河渠志》及《日知录·水利》等记载，到洪武二十八年（1395年），全国郡县共开塘堰40 987处，开河4 162处，开陂渠堤岸5 048处。

水利的功用有三，一是灌溉，二是防洪，三是排水。此三者均有助于农业生产，可以使每年新开垦的耕地数量增加，旱地作物改种水稻。

在施肥方面亦有进展，《天工开物》卷一《稻宜》云：

> 凡稻土脉焦枯，则穗实萧索。勤农粪田，多方以助之。人畜秽遗、榨油枯饼、草皮木叶，以佐生机，普天之所同也。

注云：

> 南方磨绿豆粉者，取溲浆灌田，肥甚。豆贱之时，撒黄豆于田，一粒烂土方三寸，得谷之息倍焉。

另可参看日本学者薮内清等编《天工开物之研究》（京都大学人文科学研究所研究报告，恒星社，1953年）中载天野元之助《〈天工开物〉与明代之农业》一文。

由宋至明，长江下游地区农产量之变化如下：

朝代	地区	每亩收获数量
宋	苏州、绍兴府	二石
明	浙江海盐县	二石五斗
明	江苏上海县	三石余

可见由于施肥的进步，故明代的生产力比宋代为大。

2. 外来作物与经济作物

（一）番薯与玉米：

明何乔远《闽书·南产志上》云："番薯，万历中闽人得之于外国，瘠土砂砾之地皆可以种，用以支岁，有益贫下。"何氏作《番薯颂》曰：

> 其初入吾闽时，值吾闽饥，得是而人足一岁。其种也，不与五谷争地，凡瘠卤沙冈，皆可以长。粪治之则加大，天雨根益奋满。即大旱不粪治，亦不失径寸围。泉人鬻之，斤不值一钱，二斤而可饱矣。

1492年，哥伦布发现新大陆，美洲遂成为西方殖民地。西班牙人麦哲伦（Ferdinand Magellan）于1519年至1522年间航海周游世界，麦氏在菲律宾被土人杀死，其船员继续航行返回西班牙。至1565年，西班牙占领菲律宾，于是美洲的墨西哥与菲律宾之间有三四百吨（后来达上千吨）的帆船往来，有时一艘，有时多至三四艘，每年六月左右（因六、七月以后有风）运货返美洲，持续250余年，直至19世纪初。

在美洲运菲的货品中，有农产品番薯。因闽省距菲近，以当时航海技术，五六天航程可到。闽地山多而耕田之地少，在人口与土地对比之下，人口过剩，故人多向海外发展以谋生，其中一地即菲律宾。约在1909年左右，西班牙人在菲杀中国人，一次被杀达25 000人之多，可见当时菲地华侨之多。来往闽菲间之商船每年约数十条，番薯由此传至闽省。闽地土质不佳，宜于种薯，故传入后极合所需，番薯遂在闽迅速传播而普及。

美洲传入作物除番薯之外，尚有Indian corn（即玉米，又称玉蜀黍、御麦），最早的相关记载见于嘉靖四十二年《大理府志》卷二与万历二年《云南通志》卷二、三、四。玉米的传入可能系由印度、缅甸经陆路传入云南，其种植也极易，云南山地亦颇适于种植。关于玉米的记载另有李时珍《本草纲目》卷二三，又王世懋《学圃杂疏》中称之为"西番麦"，又有《金瓶梅》第31回中提到的"玉米面"。

山阴种番薯，山阳种玉蜀黍，各不争土地。汉水上游（湖北、陕西等地）普遍种植玉米，可以养活更多人口，故自明至清，此地区人口大量增加。

（二）桑与棉：

《明太祖实录》卷十五记载龙凤十一年（1365年）种桑棉之事，后太祖又命户部教全国人民种桑棉之法，鼓励多种，以增生产。如湖南及广西北部之地原不种桑，政府派员送种子往该地。太祖又规定，在洪武二十六年（1393年）以后凡是种桑棉者，其桑棉田不必纳税。

江苏南、浙江北之间为丝生产最多之地。据乾隆《吴江县志》卷五所记，当地在洪武二年（1369年）时有桑树18 033株，到宣德七年（1432年）时达到44 746株。据茅坤《鹿门文集》卷二三《亡弟双泉墓志铭》，在浙江湖州（吴兴）有种桑达数十万株者，可见当地产丝之多。

据《天工开物》载，桑树在浙江常与蚕豆同种，因两者生产季节不同，桑荫不遮豆，豆收后桑始长叶。

《本草纲目》卷三六"木绵"条云："此种出南番，宋末始入江南，今则遍及江北与中州矣。不蚕而绵，不麻而布，利被天下，其益大哉。"棉最早产于中东一带，"cotton"一词来自阿拉伯文。中国过去的棉是"绵"，从"糸"旁，南北朝时有"吉贝"之名。

上海附近有松江府，据徐光启《农政全书》卷三五载，官户、民户、军户、灶户共垦田200万亩，其中棉田100万亩，故松江成为当时全国的棉纺业中心。

3. 明代的军屯

"军屯"即军人屯田也，军人也须从事农业生产。明代军制为"卫所"制，共有329卫，分守全国各地，一卫为5 600人，一所为1 120人，共约184万军队。有的卫防守军事冲要之地，有些则非冲要之地。前者军职为守卫及屯田各半，后者军职则为守城二分，屯种八分。军屯问题可参看王毓铨《明代的军屯》一书。

每军户出一壮丁为"正军"，此军户之其他壮丁称"户下余丁"，或称"军余"。正军从事屯田，分派得水田约十余亩，沙瘠地则可以分到百亩。因需劳动力，故常以余丁为助手，助手亦可免役。

明初军屯土地总额为90余万顷，约占全国耕地的10%，万历三十年（1602年）时为63万余顷。军屯之收获称为"屯田子粒"，要送交政府仓库，称"卫所屯仓"，其数量为：

年份	数量
永乐元年（1403年）	23 450 799石
永乐十一年（1413年）	9 109 110石
永乐二十一年（1423年）	5 171 218石
正德年间（1506—1521年）	1 000 000石
嘉靖年间（1522—1566年）	7 700 000石
万历六年（1578年）	4 200 000石

以上为明代农业方面情形。

三、明代工业情形

明代仍为农业社会，然而工业亦渐发达，有许多人民得到工业上的就业机会，工业产品如丝织品等已有被运至美洲出售者。

宋应星的《天工开物》完成于明亡前数年（序文成于1637年），认为"物生自天，工开于人"，即天然资源经工业技术而成货品，故曰"天工开物"。作者为江西人，明时江西人口特多，劳动力亦多，除农业之外亦从事手工业，故景德镇的瓷器很出名。

（一）丝：

乾隆《吴江县志》卷四云："盛泽镇……明初以村名，居民止五六十家，嘉靖间倍之，以绫绸为业，始称为市。"

《明神宗实录》卷三六一载，万历二十九年（1601年）七月"苏杭等处提督织造兼理税务"，司礼监太监孙隆擅自增税，又"妄议每机一张税银三钱"。于是机户皆反对而罢织，而织工遂失业饿死，结果织工联合打死孙隆。彼等向有司请罪曰："染坊罢而染工散者数千人，机户罢而织工散者又数千人，此皆自食其力之良民也。"

由此可知苏州在明代为丝织业的中心，当地许多人民以此为生。福建商人将丝运往菲律宾，再由西班牙人以大帆船（galleon）由马尼拉运至墨西哥港口阿卡普尔科（Acapulco），丝为此种运销货品中之最大宗。此等丝织品再转运到秘鲁去卖，价钱很廉，而西班牙本国出产之丝织品，在该处出售之价却很高，二者约为一与三之比。

（二）棉：

元代时江苏松江有黄道婆者，在海南岛住了很久，在当地学得纺纱织布及棉纺织的相关技术，后来回老家教人。松江附近一带棉的生产多，故成为棉纺织工业中心。明人丘濬《大学衍义补》卷二二中云，棉花"至我朝（指明代），其种乃遍布于天下"。

顾公燮《消夏闲记摘钞》云："前明数百家布号，皆在松江、枫泾（浙江北部）、朱泾（江苏南部）乐业，而染坊、踹坊、商贾悉从之。"可知在江浙交界一带，因棉纺业发达而成为中心。上海松江有两种布匹，在国内皆有广大销路。叶梦珠《阅世编》卷七中云，松江出产的"标布"，"俱走秦（陕西）、晋（山西）、京边诸路"，"中机布"则走"湖广、江西、两广诸路"，可见其销路之广。又云：

> 前朝（指明代）标布盛行，富商巨贾操重资而来市者，白银动以数万计，多或数十万两，少亦以万计，以故牙行（经纪）奉布商如王侯，而争布商如对垒。

由此可见当时买卖之情形。当时松江人口达到200万左右，此与棉纺工业之发展有密切关系。

（三）瓷器：

《天工开物》卷七"白瓷"条云："若夫中华四裔驰名猎取者，皆饶郡浮梁景德镇之产也。"关于明代民间瓷窑的发展情形可见《景德镇陶录》：

> 延袤十三里许，烟火逾十万家，陶户与市肆当十之七八，土著民十之二三，凡食货之所需求无不便，五方藉陶以利者甚众。

当地大部分人口以此为生，方有大量生产，以供应国内外广大市场之所需。王世懋《二酉委谭摘录》云，"万杵之声殷地，火光烛天，夜令人不能寝"，故称之为"四时雷电镇"。由此可见当地瓷器工业发展之情形。

官窑方面，洪武年间（1368—1398年）为20座，到宣德年间（1426—1435年）达到58座。其中青花瓷器，品质考究，专供宫廷之用。

当时日本为中国工业品的良好推销市场，姚士麟《见只编》云：

> 大抵日本所须，皆产自中国，如室必布席，杭之长安织也。妇女须脂粉，扇、漆诸工须金银箔，悉武林（杭州）造也。他如饶之磁器，湖之丝绵，漳之纱绢，松（江）之棉布，尤为彼国所重。

由此可见当时中国工业品在日本销路之佳之广。

四、明代商业与国际贸易情形

1. 明代商业情形

明人谢肇淛撰《五杂俎》卷四云：

> 富室之称雄者，江南则推新安（徽州），江北则推山右（山西）。新安大贾，鱼盐为业，藏镪（钱）有至百万者，其他二三十万则中贾耳。山右或盐，或丝，或转贩，或窖粟，其富甚于新安。

安徽南部山多而平地少，当地人不能赖农业为生，故少时便习商，长大后至各地习商。两淮出盐，离新安亦不远，故两淮盐商多新安人，各地当铺亦多为新安商人所经营。

山西亦多经商之人，《五杂俎》卷四云："三晋富家，藏粟数百万石，皆窖而封之。及开则市者纷至，如赶集然，常有数十年不腐者。"当时票号亦多为山西人所开，"票号"者，即汇款生意。当时生意发达，交易多，故影响货币流通形式的改变。

明张瀚《松窗梦语》云："今天下财货聚于京师，而半产于东南。"京师人多达贵，购买力大，故成一商业中心，而丝、棉等生产都以江南为大宗。

较南的闽省也有许多产品运销江南或转运京师。明王世懋《闽部疏》云：

> 凡福之绸丝，漳之纱绢，泉之蓝，福延（延平府）之铁，福漳之桔，福兴之荔枝，泉漳之糖，顺昌之纸，无日不走分水岭及浦城之小关，下吴越如流水。其航大海而去者尤不可计，皆衣被天下。

此外又有山东北部的临清，位于运河与卫河之交叉处，"周围逾三十里，而一城之中，无论南北财货，即绅士商民近百万口"（中研院史语所编《明清史料》甲编）。

2．朝贡与国际贸易情形

朝贡为中国对外贸易的消极政策。临近各国每数年派员来贡，带来三类物品：（一）国王贡献方物（正贡），（二）国王附搭品（附来货物），（三）使臣自进贡货物。其中（一）（三）二类为贡品，（二）类为货品，可以出卖。

泉州、宁波、广州等地设"市舶司"，为外货出卖地点，并收税，如同今之海关。又有"牙行"及"铺商"，为政府特准的商业机构，先予收买，然后转卖给民间。又有"会同馆"，为外宾招待所。以上可参看《明史·食货志》及《职官志》。

朝廷收取贡品后，必有回赐，使者领取回赐后，将一部分货于市舶司出卖，另一部分带到首都的会同馆出卖。首都商人亦可将货物售给外国使者。

明初对来朝贡之夷人采取怀柔政策，不抽税，故朝贡贸易具有外交与经济的双重意义，但对中国财政是无利的。故明政府限定各国来贡的时间：琉球两年一贡，安南、占城、高丽三年一贡，日本十年一贡（因倭寇问题之故，限十年一贡），其他国家多为三年一贡。入贡之文件为"勘合"，入贡时须带来检核。

至于本国人出海贸易则被禁止，称为"海禁"。因为沿海常有海盗出没，且蒙古方面之威胁未除，国防集中于北面，东南面沿海国防不强，故设海禁。原来在江浙一带的军事领袖方国珍、张士诚等虽为明廷所灭，但其余党则出海与倭寇勾结为患。

洪武十三年（1380年）胡惟庸叛，日本派和尚如瑶率兵四百余人诈称入贡，贡品中有一巨烛，其中藏有火药、刀剑（见《明史·日本传》）。可见胡惟庸与日勾结之阴谋及倭寇对中国之野心，故明太祖即与日本断交。至成祖时（1403—1424年），对日改采怀柔政策，令日本十年一贡，且限以船二艘、人员二百，并不得携带武器。然当时日本亟需与中国通商，不能等十年一次，故此后百多年间不断有倭寇问题。此关乎沿海之国防，故行海禁政策，这一来便引起日本的军事反抗。且沿海居民以海为田，海禁亦关乎沿海人民的生活问题。日人如不得沿海人民之合作，则其入寇为不可能，故倭寇问题实为两方面人希望通商而彼此串通的结果。于此可见，明的海禁政策是行不通的，故除明初期外，大部分时间内皆不能施行。

明中后期，欧人（如葡、西、荷人等）从事航海，发现新航路，他们到了中国，亦反对海禁政策。葡人于正德十二年（1517年）到达广东沿海，要求通商，中国不知其为何处人，不允，葡人乃去（见《明史·佛郎机传》）。

广州的市舶司，于正德年间（1517年前后）移到高州电白县（粤南部，近海南岛），原因是为避倭寇扰乱。嘉靖十四年（1535年）葡人到广州，运动将市舶司再移至壕镜（澳门）。此后葡人纷至，并建屋以存货经商，于是南粤商人多至澳门与葡人通商。至嘉靖三十六年（1557年）海盗骚扰，葡人帮助平定，明廷以其有功，乃准葡人长期居留澳门，这表示海禁于无形中被取消。

海禁政策之所以难以施行，一是因为西方国家来华通商，不愿以"称臣"及"朝贡"的方式进行贸易，故常与关口守兵发生冲突。另一方面，沿海人民以海为田，亦有与外人通商的要求，故政府虽禁，人民仍与之贸易。

嘉靖末年倭乱渐平，于嘉靖四十五年（1566年）将因历来走私贸易而形成的一个港口月港（福建漳州府海澄镇）升等为海澄县。隆庆元年（1567年）开放海禁，划定准许出洋经商的范围（即南洋），以文莱为界，以东为东洋，以西为西洋。

中国人出洋经商，是由于航海技术、工具及知识的进步。明成祖时派三保太监郑和下西洋，郑和率62条大船（44丈长，18丈阔）、2.7万余人至各国访问。第三次航行经印度南部直达波斯湾，第四、五次则横渡印度洋到达非洲东部海岸，比葡人早到数十年。郑和多次的航海，提高了中国人航海的技能。

人民出海需要取得"船引"（准许证），回来后交给政府，再取船引时船主须付"引税"。此外还要付"水饷"，由船商按船之大小付钱。"陆饷"则由货商付，或由铺商购货时付，按货之多少付。"加增饷"由吕宋（菲律宾）回来之商船付，因往菲之船载出货而载回银，每船须付150两银子。

此为市舶司于开禁后收税的情形。

朝贡贸易时不收税，但政府有购买一部分商品的优先权。后来于弘治年间（1488—1505年）开始实行"抽分"之法，即政府于商品中抽出一部分作为入口税。抽分税率各时期不同，弘治年间抽二分之一，正德四年（1509年）起抽十分之三，正德十二年至嘉靖五年间（1517—1526年）抽十分之二，为一种实物关税。

根据《明史·佛郎机传》，两广巡抚林富于嘉靖八年至十一年间（1529—1532年）上书提到对外贸易有"四利"：一是入口商品可供御用，二是两广军饷主要来源靠入口税，三是广东可靠国际贸易的收入补贴广西，四是入口商品之运输贩卖可供人民谋生。由此可见，在海禁开放以前，国际贸易对于中国财政已有相当的意义。

菲律宾有大量由美洲运来的银子，中国人极感兴趣，当时国内银子供不应求，菲既多银，为极佳市场，故运去大量货物（如生丝及丝织品等）及军用品（如火药原料硝石及铁等）。

华货在马尼剌入口税总额中所占比例如下（据E. H. Blait & J. A. Robertson, *The Philippine Island, 1493–1898*, V. 55）：

年份	比例
1586—1590年	36.68%
1591—1595年	61.50%
1596—1600年	56.03%
1601—1605年	70.50%
1606—1610年	78.52%
1611—1615年	91.50%
1641—1642年	92.06%

中国出口货多，故在国内也可以解决一部分人的就业问题。

菲银流入中国数量如下（据陈荆和《十六世纪之菲律宾华侨》及成田节男《华侨史》）：

年份	数量
1582年	300 000元
1586年	500 000元
1598年	1 000 000元
1602年	2 000 000元
1621年	3 000 000元
1637年	10 000 000元

除菲律宾外，日本在16、17世纪时产银也多，嘉靖年间葡人来华经商，亦带入白银。

五、明代货币与财政情形

明代货币，初期用钞票。洪武八年（1375年）发行"大明宝钞"，其比例为1贯钞等于1 000文钱（等于一两银或四分之一两金），同时禁止民间使用金银。规定人民纳税时，100钱以下全用钱，不用钞，100钱以上则30%用钱，70%用钞。

明初所发钞票虽有如上规定，但由于不断地大量增加发行，遂导致价值减低和通货膨胀。到明太祖洪武二十三年（1390年）时钞票贬值，在浙江1贯钞只值250文钱。到洪武二十七年（1394年）时1贯钞只可换100文，正统十三年（1448年）时1贯钞只可换2文钱，再后的成化年间（1465—1487年）则1贯钞换不到1文钱。因此政府禁止金银当货币流通，以免造成钞票价值降低，稍晚铜钱也禁止流通了。此为掩耳盗铃的办法，再过若干时间，钞票价值仍低。于是到了英宗正统元年（1436年），政府迁就现实，规定在长江流域及长江以南交通不方便处，人民缴田赋不必给米，每石米可折四分之一两银缴赋。于是人民便须出卖米麦以得银交税，故政府只得取消用银的禁令，钞票便渐不用了。

在钞贬值时，政府并未立即恢复以钱为货币，其原因为以下几点：一是钱的价值太低，用于工商业已发展之社会太不方便。二是作为制钱原料的铜出产少。中国铸钱最多时为北宋熙宁六年（1073年），达600多万贯，而明代铸钱每年只有18.9万贯，只相当于北宋时的3%左右。三是钱上铸有年号，每逢改元后，旧年号钱因官方不用而大打折扣，故不宜积蓄。由于以上三弊病，遂造成人民用银而不用钱。

日本学者加藤繁在其博士论文《唐宋时代金银之研究》中搜集有

许多唐宋时期使用金银的资料，但唐宋时仍以钱为主要货币。此因当时美洲大陆尚未发现，银的数量不多，且两宋时有交子和会子的流通。至明代方正式用银，由1436年起直至1935年民国政府发行法币为止。据《明史·食货志》载，正德三年（1508年）时官俸90%给银，10%给钱，可见银子是当时最主要的货币。

明代税收原以实物为主，以米麦支付夏税、秋粮。正统元年（1436年）时设"金花银"，规定南直隶（南京及其附近）、浙江、江西、湖广、福建、广东、广西等省的交通不便之处可以用银代替实物交税，米麦每石折银二钱五分（0.25两），当年收金花银110余万两，为明代以银收税之始。

明中叶以后又设"一条鞭法"。之前明代税制以夏税（收小麦）、秋粮（收米）为主，兼有金花银。明中叶以后感到以前施行的税制太麻烦，故在嘉靖、万历年间（1522—1619年）开始实行一条鞭法。

此外又有"开中法"，"开"即开边，"中"即盐引，即政府以盐引作为交换而用商人进行屯田。商屯之作用有以下几点：一是解决戍边军队的粮食问题，以补军屯之不足。二是大批无业游民可由此得到就业机会。三是不必"和籴"（政府定价收购粮食）以扰民，便可使军粮增加。

但久之，此制亦产生流弊。屯田商人手中盐引过多，至产盐区而无法予以兑现，于是有"收支"（等待政府兑现）现象。有的商人在永乐年间（1403—1424年）换得盐引，到正统年间（1436—1449年）还得不到盐。

又，因商屯增加，粟产量大而价格降低，政府可能认为以低价粟换盐引，商人太占便宜，故弘治五年（1492年）时户部尚书叶淇进行改革，使其可"折色纳银"，即以银代替粟米换盐。自此发生很大的变化。

一是边区粮价大幅升高。因商人可以用银换盐，故放弃商屯，于是粮食生产减少。而边军人数未减，需要的粮食数量与过去一样，故求过于供而粮价上涨。

二是军费开支大增。以往可以用盐引换粮供给军人，而现在则要用大量银子来支付。当时各地每年粮饷数额如下：

年份	数额
弘治、正德间（1488—1521年）	400 000两
嘉靖元年（1522年）	590 000两
嘉靖四十三年（1564年）	2 500 000两
隆庆元年（1567年）	2 800 000两

当时边疆问题多，以至军饷增加，则是另一因素。

"折色纳银"改革与当时银成为通行货币这一点有很大的关系，其意义亦体现在货币改革方面。

明代经济的发展，最大的特别处便是银成为通用的货币，从1436年正式开始，至1935年结束。

第七章

清鸦片战争前的经济概况
（1644—1840 年）

中国自清代起，经济开始落后。在16、17世纪时，明代的丝织品在欧洲市场上仍能打倒西班牙的丝织品。

清代经济的落后，最主要原因是没有发生像欧洲"工业革命"那样的变化。

一、清代人口情形

《东华续录》卷一一八载乾隆时一份文告中记有当时的人口数字：康熙四十九年（1710年）时为2 300余万口，乾隆五十七年（1792年）时则超过3亿口。而事实上，前者只是16至60岁的男丁数字。日本在1930年前后，此种人口约占全国人口的27.6%，若以此比例为参照，则当时中国总人口约为1.8亿左右。

康熙五十一年（1712年）时规定，以五十年时之丁册为定额，"盛世滋生人丁，永不加赋"。因不再收取"人头税"，人口少报现象减少，故此后人口数字遂渐渐接近事实。

乾隆五年（1740年）时政府规定以保甲查报户口，至次年，人口数字不再称"丁"，而称"通共大小男妇"。即不再是男丁数字，而为真正的全国人口数字。

年份	人口	指数
乾隆二十六年（1761年）	198 214 533	100
道光三十年（1850年）	429 932 000	217

此为18至19世纪人口增加的情形。

清初人口较少，因明末流寇破坏很大，如张献忠、李自成等大肆屠杀百姓。康熙年间为人口渐增和恢复时期，其原因有：（一）康熙二十一年（1682年）平定三藩，次年平台湾，自此全国统一，本部战争全停。（二）康熙时靳辅治黄河成功。（三）清初只有400多万顷田，经垦荒到康熙时达到600多万顷。（四）财政方面，战费开支减少，自康熙元年至四十八年（1662—1709年）共减免钱粮达1亿两以上，人民租税负担减轻。

故在18世纪（此指在1796年白莲教起义发生以前）人口增加特别迅速，其主因为长期的和平与粮食的充足。到19世纪初，人口增速减慢，其原因为：（一）耕地增加量减少。（二）白莲教起义持续九年，政府用去军费2亿两，湖北、陕西、四川、甘肃、河南五省均受影响。（三）黄河再度泛滥。

中国在鸦片战争以前的人口是同时期世界之冠。

欧洲工业革命的特点，在于生产技术的改进和机器的发明，能够节省劳力。而节省劳力这一点，并不适宜于中国社会，因中国的状况是人口多，故劳力多而工资低。反过来说，中国当时的社会因工资便宜，故无改进技术以减低成本的必要。

中国当时并无激励生产进步的因素，故无"工业革命"，技术的改进反而会造成大量的失业，故人口过剩是工业进步的阻力。

二、清代农业情形

粮食的充足促进人口的增加,而中国当时的情形是"生之者寡"而"食之者众"。

道光年间,林则徐为李彦章《江南催耕课稻编》一书所作序中云:"占城之稻,自宋时流布中国,至今两粤、荆湘、江右、浙东皆艺之,所获与晚稻等,岁得两熟。"中国稻多为150天左右长成的晚稻,占城稻则是30至100天收的早稻。因岁有两收,故清代中叶即使耕地面积未增,稻收也要比宋时加多一倍,况且耕地面积事实上增加很多。如受河水泛滥之灾的低地,不能种晚稻,而早稻所需时间短,水未至时稻已熟已收,故此种低地也可种稻。占城稻的另一特点是耐旱,于是许多从前不能生长水稻的地区,现在也皆垦植为稻米地。

此外,薯的传入也助中国解决一部分粮食问题,弥补米麦收成之不足。据乾隆《东华录》卷一〇二载,乾隆五十年(1785年)时,薯已在多省普遍种植。山东按察使陆耀将谈种薯之法的《甘薯录》一书印行,河南巡抚毕沅也印行此书,并派闽省监生陈世元来河南教民种薯。乾隆帝见种薯之利,命将此书寄给直隶总督刘峩,着印行该省。薯的种植在农业生产中所占比例很大,如在青岛李村,薯的生产占当地农产总值的一半以上。直到抗战前,中国一直是番薯产量最丰的国家。

玉蜀黍(又称苞谷)也由美洲传入,有耐寒特性。据《林文忠公政书》所记,苞谷在云贵地区的许多山地都有种植(见《云贵奏稿》),在陕西的大部分地区亦有种植(见《湖广奏稿》)。山地地区尤赖此物,使四川、河南、湖北等地得以养活不少人。玉蜀黍的耕种面积在1904年时占全部耕地的11%,1933年时占17%。

自农业生产区域方面来说，宋代时是"苏常熟，天下足"，清代时则变为"湖广熟，天下足"，即农业产地转移到湖南一带。这并非是因为苏常地区生产减少，而是湖广地区产量大增，故有剩余可供他区之需。湖南耕地面积的变化如下：

年份	耕地面积
1685年	13 892 400亩
1724年	31 256 100亩
1766年	34 396 500亩
1812年	31 581 606亩
1851年	31 304 200亩

可见18世纪时湖南耕地大增，其中最重要的原因是洞庭湖四周地区筑堤而成湖田，且土质肥沃。

明末四川受流寇摧残而人口减少，因其地域广大，故清代时四川有多余之粮运出，其运出必经湖北，于是湖广之粮遂汇集而多。而江浙因人口密度过大，粮反而不足，而须由湖广输入。江浙地区人口密度变化可见下表：

年份	每平方英里人口	
	江苏	浙江
1781年	814.60	592.20
1812年	980.40	716.03
1842年	1 114.84	753.06

而全国平均人口密度在1761年时为每平方英里76.38人，1850年时为每平方英里165.66人。江浙之粮渐趋不足之另一原因是当地棉、丝的生产增加，所谓生产趋向专业化也。

同时，东北地区在清代也发展起来。满人入关以后，禁止汉人自由移民进入东北，故清初关东人口极少，于是有多余粮食出口。据包世臣《安吴四种》卷一《海运南漕议》中所记，康熙二十四年至嘉庆九年间（1685—1804年），每年有上千万石豆麦由关东海运到上海，在上海有3 500余艘"沙船"，来往于东北与上海之间。后来山东、河北因地贫人穷，故多不理禁令而往东北移民。

湖广、东北的粮食使全国粮食产量增加，以致在清中后期可养活全国3亿以上的人口。

然而耕地面积的扩张也带来负面的影响。如因耕地扩张，洞庭湖渐趋缩小，储水量大为减少，以致清中叶以后洞庭湖及汉口一带常有大洪灾。此外亦常有旱灾之祸。仅就直隶（河北）来说，除1847年至1861年及1901年至1911年诸年以外，一百年间平均有27次旱灾、44次水灾。

此外，清代土地制度有一特有现象，即"圈地"问题。满人入关以后，将北京四周500里以内之土地交给有军功者所有，在此地的农人遂无形中变为奴隶，旗人则享有土地而成为寄生者。奴隶生产不努力，以致生产不佳。

三、清代国内外贸易情形

1. 国内贸易情形

江浙地区人口增加，工业发展，如丝纺及棉纺业等，除供应本地外，尚可运销外地，因而形成发达的商业。同时，水道交通的方便亦刺激商业的发展，水道方面一为沿海，一为长江。

沿海商业发展的情形，据前引包世臣《安吴四种》卷一《海运南漕议》所记，1685年至1804年间，在上海与关东之间有3 500至3 600艘沙船往来行驶，每艘运量小者为1 500至1 600石，大者为3 000石，每年运大豆和小麦1 000多万石至上海，运布、茶等至关东，每船成本为7 000至8 000两银。由以上数字可见，当时国内沿海贸易已颇具规模。

至于长江沿岸地区商业发展的情形，可分三方面来谈。

一是盐。淮南地区为中国主要售盐地，水道方面就由长江运送，长江下游的人口约占全国之半，故消费量大，成为盐商致富的原因。汪喜孙《从政录》卷二《姚司马德政图叙》云："向来山西、徽歙富人之商于淮者百数十户，蓄赀以七八千万（两）计。"而乾隆年间国库岁入平均不过四五千万两而已。

二是米粮。江浙地区工业发展替代了农业，工业原料的种植替代了种粮，更由于人口的激增，粮食生产渐不足以自供，而需由外地输入。粮产地转移到湖广，于是便由湖广运米粮至江浙以供需求，也利用长江作为运道。湖南洞庭湖四周共有九县，其中有一湘阴县，据光绪《湘阴县图志》卷二二所记，当地在湖四周筑堤垦田，清初百年间（1644—1746年）垦田面积为明末（1573—1644年）垦田面积的八倍。湖广米大量运江浙的情形，可参看雍正《朱批谕旨》。此外又有一部分米产自四川，因四川土肥产米，且人口少，故有剩余。米粮由川、湘、广运至吴，一部分再转运闽地。

三是金融业。票庄（票号）也发展起来，"票"即汇票，票庄即经营银钱汇兑业务者。因票庄财力雄厚，信誉佳，许多有钱人便将钱存入其中。经营票庄者多为山西人，故山西人多资本。有一传说称李自成抢得民间大量银子，做成银饼，每个千两，共约800万两，先运至北京，后由北京逃到山西，将银饼埋藏在山西南部一商人康氏家中。山西人多生活俭朴，亦为其能储蓄得大量资本之一大因素。

山西票庄分为三帮，即祁（县）、太（谷）、平（遥）三帮，每帮票庄在全国各大地方设分号经营。如平遥人李氏在天津有一日升昌票庄，原为颜料铺，颜料中有一种铜绿产自四川，而天津与四川之间路遥，运银前往购货极为不便。该铺在汉口与重庆设有分号，便自然地经营起汇兑的业务来，此为商业发展的自然需要。

票庄的组织，其股份分为银股（出资）和身股（出力）两种。由老板出资，训练年轻人到各地经营，即为"伙计"。伙计不受薪，只供衣食，每三年分股一次。这是中国在现代化银行出现以前的金融机构，甚有助于当时商业的发展。

2. 国际贸易情形

清初海禁未开，国际贸易并不发达。当时郑成功占领台湾，清廷海军力量不及郑氏，故实行海禁，撤离沿海居民，以坚壁清野来对付郑成功。到康熙二十二年（1683年），清廷占领台湾，遂开海禁，国际贸易从此发展起来。

贸易的对象以前为葡人、西人，现在由英人替代。葡、西两国开发新航线，皆向南而行，英人开辟新航路在后，向北而行，再东行到北冰洋，再西行到北美。英国地方多草，宜牧羊，故初以羊毛为原料织成呢绒，销于欧陆。在14世纪时，因政府有财政上的需要，将羊毛出口的专利权转入少数商人手上，独占商人遂压低国内毛价而抬高欧陆市场上的价格。15世纪时，一部分商人利用国内便宜的原料织成呢绒，形成毛织生产的发达，于是要开辟市场，毛品宜销寒冷地区，故向北航行。由于葡人、荷人从东方运回香料，利润巨大，故英人于1600年组织东印度公司来东方贸易，女王伊丽莎白一世给予特许状（charter），使之独占好望角以东地区的贸易。英商船有武装，并有外交特权，于是印度终于成为英国属地。

英人由中国入口之货以茶为主（以前已然），在1664年时有两磅多茶叶运到英国，大受欢迎，于是英人开始了茶的消费。东印度公司经营茶叶贸易，自1711年至1757年间共6 300万磅，每年平均约137万磅，其中只有12%转运至欧西各国销售，其余皆于国内消费。英人过去之主要饮料为麦酒与咖啡，1711年至1720年间，英人平均每年消费茶18.2万磅，而1751年至1760年间达到228万磅，后者较前者增加达12.5倍。

据英国东印度公司档案记录，1783年出口茶叶585万磅，1785年为1 500万磅，1834年为3 000万磅。其中，1761年在广州购茶262万磅，价值83万英镑，1800年为233万磅，价值66.5万英镑。按当时每磅茶在英之平均售价计算，该公司由茶叶经营的获利便达到100至150万英镑左右。

到18世纪末，茶已成为英人之必需品，故英政府所抽茶税渐渐增加，计1795年增加25%，1806年增加96%，1819年增加100%，然而重税并不妨碍茶的入口。

19世纪初，英茶税收入每年约为330万英镑，占全部财政收入的十分之一。同时入口的糖中约有一半用于冲茶，因此其税收可以说间接与茶的入口有关。有人估计在1812年，英政府因茶而获得的税收（直接与间接皆包括在内）达500万英镑。

由于各国争购茶叶，故对中国商人有利，同时由于需求量大，许多人得以参与生产、运输而获得就业机会。

其次谈到丝的出口情形。丝产于江苏与浙江，出口时间较早。英人的丝在18世纪之前多由印度购入，到18世纪中叶以后，英人才开始来中国购丝。据《李侍尧奏折》（《史料旬刊》第五期）中所记，乾隆二十四年（1759年）广州丝的出口数量为20万至32万斤，价值80万至100万两银。

此外出口货品尚有南京棉布（nankeens）及瓷器等。

英输华货品以绒料为主，但羊毛织品在广州销路不好，便运往宁波、厦门去卖，仍无销路。因绒料宜制西服，而该等地区当年尚无着洋服之习惯。结果仍运回广州出售，因广州国际贸易发达，有少数人开始渐着洋服。因此东印度公司在华经营呢绒是长期蚀本的。

英华贸易中，英人长期处于入超的境地，英人只好运银子来华作为支持。康熙年间，来华英船的装载比例为货一银二，有时甚至全船皆银。到雍正年间，来华英船装载比例为货一银九。1710年至1759年间，东印度公司运来东方的货有925万英镑，而银有2 683万英镑。

由印度运棉来华的贸易，是东印度公司特许私家商人经营的，即所谓"特许贸易"（charter trade）。私家商人售棉获银，汇回英伦，交东印度公司处理。1775年至1795年间，此项收入占该公司总收入的三分之一以上。1830年至1840年间为鸦片入华数量占比最大时期，而该时期入华的棉的数量约为鸦片的一半。

从事特许贸易的商家约有40多家，其中之一的怡和洋行（Jardine

Matheson Company）现仍存于香港。

在鸦片贸易方面，据王之春《国朝柔远记》附编一《论鸦片》所记，道光年间每年入口7万箱，每箱价值500两银，共3 500万两银。1836年当年约流出白银1 000万两，当时银与钱的比价是1两银兑1 000钱，至1838年兑至1 600钱。农民纳税以银，而零售货品得钱，因此银价的升高严重地损害了广大人民的生活。

银价上涨的原因有三：一是英人的鸦片生意导致中国每年有大量白银流出；二是私人存囤大量银子；三是钱的质量变劣及数量减少。

中国过去所接触的外来者多为落后的游牧民族，于是逐渐形成轻视外国的心理。至与西方国家接触，仍以自高自大态度对人，不予平等待遇，只准英商与十三行商贸易。

《两广盐法志》记载，乾隆三十八年至道光十二年间（1773—1832年），除国家赋税外，十三行商共捐输395万两银，由此可见其富有。其中有位伍浩官，1833年时曾有过2 600万两银的身家，可能是当时全世界最富有的商人。

1833年，东印度公司对华贸易的独占权被取消。

1783年，北美合众国独立成功，次年便派"中国皇后号"（The Empress of China）商船来广州，运来人参、皮毛，颇受欢迎，运去茶叶。皮毛为美国西北部的海獭皮，买入价约1.5美元，在华可售50美元，皮毛贸易最盛时是在18世纪中叶至19世纪之间。

美国运华的另一货品为银，将银制成银元（American trading dollar），运来中国出售。

有人估计，1818年至1834年间，英国运来鸦片共值5 000万两，同时美国运来者值6 000万两。

1800年至1834年间美国运来货物中，有60%至70%为银子。当时美国本土银矿尚未开发，故通过与西班牙的贸易获得银。出口美国的茶叶占出口总值的比例如下：

年份	比例
1822年	36%
1828年	45%
1832年	52%
1837年	65%
1840年	81%

除在本国销售外，美亦将一部分茶转运至欧洲出卖。

3. 物价情形

清初物价较低，原因之一是银子少。因清初四十年间实行海禁，沿海不准人民居住，对外贸易停顿，故外商不能输入银子。且清初钱的分量足，每钱应为一钱重，而清初之钱重至一钱四分。故钱的价值高而物价低，虽然间有因战事导致缺货而价高的个别现象。

至18世纪初，物价渐高。北平故宫博物院文献馆编《文献丛编》载苏州织造李煦奏折中所记苏州米价为：

年份	米价	指数
康熙五十二年（1713年）	每石0.99两	100
乾隆三十五年（1770年）	每石4.46两	451
乾隆五十一年（1786年）	每石4.30两	434

江宁织造郎中曹寅奏折中所记扬州米价为：

年份	米价	指数
康熙五十二年（1713年）	每石0.99两	100
乾隆五十一年（1786年）	每石4.80两	485

扬州地处长江、运河交叉之处，该地物价上涨势必影响到其他地区，如浙江萧山之米价亦上涨：

年份	米价	指数
康熙五十二年（1713年）	每石0.99两	100
乾隆三十五年（1770年）	每石2.80两	283

又如在广州出售给外商的丝，价亦上涨，乾隆三十五年（1770年）时的丝价为康熙四十三年（1704年）时的三倍。

至18世纪末，物价已比世纪初高得多。

乾隆间，据洪亮吉《卷施阁文甲集·生计篇》（成于乾隆五十八年，即1793年）所记：

年份	人民每人每年用米4石	人民每人每年用布5丈
乾隆八年（1743年）	2 800文	200文
乾隆五十八年（1793年）	12 000~16 000文	500~1 000文

18世纪中，中国是长时期出超的。

1730年，东印度公司有5艘船来广州，共带来价值1.3万两银的货和58.2万两银。

中国货出口时，外商大多以银为支付手段。根据马士（H. B. Morse）著《东印度公司对华贸易编年史》，1708年至1757年间由英入口银子共649万英镑，1776年至1791年间入口368万英镑。而1771

年至1789年间由英入口鸦片共7 814箱,每箱值4 000元,合计3 125.6万元(每英镑约值4元)。他判断,整个18世纪中由广州一港入口的银价值约为9 000万至1亿。这些银子虽是由欧洲国家运入,但主要来自美洲的玻多西。

玻多西的银产量占全世界的60%以上,可见其重要性。美洲为西班牙属地,银大量运往西班牙,造成其物价提高。17世纪时物价为16世纪时之三到四倍,其他国家的货品因此大量涌入,西国入超,其他国家获银,便运来中国贸易(可参看Earl J. Hamilton于1934年出版的*American Treasure and the Price Revolution in Spain*一书)。后来玻多西的银开采渐少,17世纪时墨西哥的银产量超过玻多西成为世界第一位,而墨西哥亦为西班牙属地。

中国的银子,另一路由菲律宾传入。由明至清,中国持续为出超之情形。

据De Cornga估计,明隆庆五年至清道光元年之间(1571—1821年),西班牙由美洲运至菲律宾的银子共4亿银元,其中约有四分之一至一半转运到中国。因此中国商人通过长期在菲经商而得到的银约有1亿到2亿元。

中国货在菲岛最多,对中国商品的征税占菲关税总额的70%到80%,于是中国在18世纪时银子愈来愈多。乾隆、嘉庆间的物价波动与此有很大关系,如苏州、扬州物价上涨四倍,广州物价上涨三倍。此与西班牙在16世纪时因银多而物价波动的情形相同,但中国比西班牙的波动更甚。

中国在18世纪物价变动的情形,可能亦因人口增长之故。中国之人口统计数字并非完全可靠,此可由乾隆《东华续录》卷一一八载乾隆五十八年(1793年)上谕中见之。此文告中提到中国人口的增加，康熙四十九年（1710年）时口数为2 300余万，乾隆五十七年（1792年）时口数为3亿余。但前者为缴丁税之人头数，后者方为真正的全国口数。因康熙四十九年时要缴人口税，故少报，至乾隆五十七年时朝廷已下令"盛世滋生人丁，永不加赋"，因不用缴人头税，故此后户口数字渐接近事实。乾隆初年时，便利用保甲法以切实调查户口。

据《宋史·地理志》所记，北宋大观四年（1110年）时户数为2 088万户，若以每户五口计，则有1亿人口也。自12世纪到18世纪，户口由1亿增至3亿，此为大致可靠的增加趋势。这与当时农作物新品种的传入与种植有关，如美洲之番薯和玉蜀黍等。

当中国人口较少时，土地是肥美的，而当人口增加，土地、粮食皆不能满足需要时，瘦瘠的土地亦要加以利用，来养活增加的人口。肥美的土地生产粮食较多，成本较低，故米价较便宜。后因人口增加，不肥美之土地亦要耕种时，粮食之生产成本便增加，故粮食价格上涨。

四、清代财政情形

关于清代财政收入，可主要根据王庆云《石渠余纪》卷三：

	定额	道光二十一年 （1841年）	道光二十二年 （1842年）
地丁杂税	33 348 034两	29 431 765两	29 575 722两
盐课	7 475 879两	4 958 290两	4 981 845两
常关税	4 352 208两	4 209 695两	4 130 455两
总额	45 176 121两	38 597 750两	38 715 044两

"地"即田税，"丁"即徭役、丁赋。"摊丁入地"即每人按田地亩数缴税，每亩田除田赋外另缴丁赋若干，称"地丁"，大概每亩田多缴10%到20%。由以上数字可见，地丁杂税约占岁入总额的70%余。

"常关税"为内地商品运输通过关卡时收的税，在鸦片战争以后又增加"洋关税""厘金"和"捐纳"三项岁入。刘岳云《光绪会计表》中统计如下：

	光绪十一年 （1885年）	光绪十五年 （1889年）	光绪二十年 （1894年）
地丁杂税	32 356 768两	32 082 832两	32 669 085两
盐课	7 394 228两	7 716 272两	6 637 469两
常关税	2 409 293两	2 602 862两	2 773 123两
洋关税	13 527 580两	16 767 282两	10 674 032两
厘金	14 249 947两	14 930 465两	14 216 015两
捐纳	1 514 571两	2 001 464两	10 476 193两
总额	77 086 446两	80 761 953两	81 033 544两

"洋关税"的出现，为五口通商后国际贸易发达的结果。"厘金"是为对付太平天国而加收的兵费，在商品运输流动时由各地方加收，因为只有百分之零点几，故称"厘"，本为暂时，后成为经常。"捐纳"即捐银以取得国子监生的资格，便可直接参加乡试考举人。此项制度在鸦片战争以前已有，如嘉庆年间（1796—1820年）有"京捐"（在京师捐监），每名108两，外地捐监每名100两。嘉庆时捐监收入每年平均有200万两左右，而嘉庆一朝之总收入为4 000万两，此后捐监一项收入仍存。到光绪二十年（1894年），因中日甲午战争的影响而军费增加，此项收入遂大增。地丁税方面，除正式税赋外，另有多收之"加耗"，包括运京运费、制锭折耗等，数额各地不同。

自17世纪末至18世纪末，财政收入良好，国库常有存银。如康熙六十一年（1722年）时户部银库有800多万两存银，雍正年间（1723—1735年）户部曾有6 000多万两存银。到乾隆帝即位时（1736年），国库中有3 300万至3 400万两存银，此后乾隆三十七年（1772年）时有7 800万两，乾隆四十六年（1781年）时有7 000万两，乾隆五十一年（1786年）时亦有7 000万两（据乾隆《东华续录》卷九四、卷一〇四）。

乾隆因十大武功，开支很大，且免地丁钱粮历四年（即乾隆十一年、三十五年、四十三年及五十五年），而能在财政方面仍有余，故为清之盛世。其财政方面的宽裕，与当时白银大量流入有关。

鸦片战争以后，财政渐成入不敷出的情形。其原因除内战外，对外战事失利为最大主因。如甲午战争后，共赔军费2亿两，此外还有日军在威海卫的临时驻守费每年50万两。清政府从此开始大规模举借外债，此后每年摊还加上利息达2 000多万两，故财政亏空越来越甚。到1900年庚子拳变及八国联军入华，1901年订《辛丑条约》，赔款4.5亿两，分38年摊还。此后每年财政收入的三分之一以上均作偿还外债之用。

在全国财政的负担之下，江南地区所占的地位益显重要。

北京建都后人口集中，据《清史稿·食货志》载，每年由各地运京的漕粮有400万石，其中来自江南的有179万石。江南的苏州府、松江府、太仓州三府地丁的负担为全国最重的，曾国藩在同治初为两江总督，称此三地的税赋为元朝之三倍、宋朝之七倍，同时为常州之三倍、镇江之四至五倍及其他省的十至二十倍。故可知江南对政府财政的贡献特别大，同样一亩田，其负担的赋税比他地为重，此因其生产力特别大之故。

但事实上，只靠田地生产来负担如此重的赋税是不可能的，故有赖于工业的发达，如棉纺织业和丝织业。江南人多，且人力能有所用，自然对经济有贡献，故有"上有天堂，下有苏杭"之谚。

自明朝始，以苏州府为中心的地区有大量官田，其租赋特别高。因元末时群雄割据，张士诚占苏州及附近地区，张以地富而强大，朱元璋不易平定，故张失败最晚。至张士诚失败，明廷恨苏州助张，故征税特重，并将一部分田地没收为官田。

结　论

清代中前期中国人口大量增加，18世纪初达到3亿，1850年时达到4.3亿左右，而12世纪初中国约有2 000多万户，1亿余口。数百年间人口的增加与经济的发展密切相关，外来作物品种的传入使粮食生产增加，交通的发达便利粮食的运销，工业的发达提供了充分的就业机会。

  而由于人口太多,当粮食不够时,便有内乱发生,如嘉庆年间有白莲教,道光以后有太平天国。后又有移民现象出现,此种移民过去已有,如明初郑和下南洋时,南洋各地已有中国移民。根据《明史》记载,当时婆罗国之王姓王,为福建的移民,又如三佛齐(在印尼)以广东南海人梁道明为领袖。

第八章
近代中国工业化的历史

一个国家如用机器生产代替手工业生产，其生产力便提高，国民所得也提高，国家便富裕。反之，如不用机器生产，其生产力便落后，国家便贫穷。

现代世界各国中，最早完成用机械生产的为英国。英国工业革命的大概时间为18世纪后半至19世纪后半的100年间，当中有各种生产技术的发明。英国在19世纪时成为"世界工厂"（workshop of the world），此乃由于英国工业特别进步，成本特低，工业产品特佳，能生产大量消费品，除本国自用之外还能运销全世界。世界各国均购买英国的生产品，因英国为第一个工业化成功的国家。

最初，英国保守秘密，不让人学识机器制造之法，以便独占利益。后来因其生产力特别高，便开始提倡自由贸易，将机器运往外国，外国亦派人去英国学习，或高薪聘请英工程师、技师到本国建设机器工业。于是工业化便在各国间传播开来，但有成有不成，亦有早有晚。

工业化的最主要特点为机器的生产和使用。机器的最主要原料为钢铁，而挖出的铁矿砂须炼成钢铁才能做出机器，故亦须有大量的煤，因此煤、铁矿产之丰富与机器生产有密切关系。由于煤铁笨重，故二者产地须接近，可省运费。英国的煤矿与铁矿距离近，且为海岛，可利用海洋运输煤铁，故运输方便而省费，此为其能率先完成工业革命的最重要条件。别国由于无水道，故须待铁路发展后才方便运输，始能进行机械化生产。

美国煤铁矿相距远，但煤产量为世界第一，由于美大规模建筑铁路，才能在19世纪下半至20世纪初完成工业化。

德国在1871年完成全国统一，便加速发展工业，只用了15到20年时间便工业化成功，生产力显著提高。但英国却用了100年时间才完成工业化，这是因为德国能利用英国的发明。英国要首先创造，无所凭借，很多地方为盲点，故需时间较长，而德国有学习模仿之榜样，故用时短。

除美、德以外，西欧不少国家后来也成为工业化的国家。

日本自1868年明治维新开始发展机器生产，为20世纪初远东第一个工业化成功的国家。

俄国在帝俄时代已开始工业化，但其成功则在苏俄时期。自1928年开始的接连五个"五年计划"之后，苏俄工业化成功，故在二次大战时能打败德军。

至于中国方面的情形，中国在18世纪以前，工业并不比欧美差，如东汉蔡伦发明造纸术，唐代传入欧洲，宋代用罗盘、指南针航海，蚕丝、瓷器也为中国先发明。故中国过去并不比别国落后，却比别国高明。

西方在18、19世纪时有工业革命，而中国自19世纪开始，在经济发展方面落后于西方。鸦片战争后开始五口通商，对外贸易及交通日益发达，中外之间的经济联系越来越密切，于是中国也渐渐受到英国工业革命的影响。

一、中国近代工业化的三个阶段

中国近代的工业化（即从事机械化的生产）大概可分为三个阶段：

第一阶段为1865年（同治四年）至1894年（光绪二十年，甲午战争发生之年）。即甲午战前之30年，此为军事工业建设时期。

第二阶段为1895年（光绪二十一年）至1913年（欧战前一年）。即甲午战后的20年间，为商办民生日用工业发展时期。

第三阶段为1914年至1937年（抗战开始之年）。即抗战开始前的20余年，为民族工业资本兴起及发展时期。

1. 第一阶段：军事工业建设时期（1865—1894年）

中国以往的主要产业为农业和手工业，全不知西方工业进步的情形。至鸦片战争时，中国军队与工业化的英国军队一打，便感到兵器、兵船的不如人。英国的兵器火力大，其兵船用铜甲及蒸汽机动力，又坚又快。然而社会上一般人仍不知此为工业化发展的结果，以致在对付英人一事上，便想出许多可笑的主意。如广东陆路提督曾胜提出用大石塞河口及用草船火攻英船等法（见《清史稿·曾胜传》），又有安徽安庆府监生方熊飞提出以绵絮渔网浸海水挂在船上防弹（见《海国图志》卷八四），又有人建议派兵潜水去凿穿英船底。

魏源为林则徐助手，见解甚高，在其所著《海国图志》中提出设造船厂与火器局，以夷之所长治夷。但其所知有限，以致对此事之难度估计过低，以为抽出20%之关税充作费用即可。

当时大多数人仍不明白、不承认自己不如人家，中国至此仍无工业化的觉醒。

过了十年，到1864年太平天国被平定，此为曾国藩、李鸿章等领导之功。同治十三年（1874年）李鸿章上《奏筹海防折》曰："轮船电报之速，瞬息千里，军器机事之精，工力百倍，炮弹所到，无坚不摧，水陆关隘，不足限制，又为数千年来未有之强敌。"（《李文忠公奏稿》卷二四）李鸿章对西方船炮之力量有不同之认识，故亦主张"以夷制夷"之法。他以上海为根据地对抗太平军，即利用在当地招得的用洋枪的军队，称"洋枪队"，成为一支常胜军。

自1860年起，清廷才开始用机器建设国防工业。1865年在上海设江南制造局，1866年设福州船政局，此外还有汉阳枪炮厂以及天津、江宁等地的制造局，均为兵工厂。

中国的工业化应从此一时期开始算起，此一阶段工业化的重点为国防或军事工业的建设。虽然采用西方机器的还有缫丝、纺织等方面，如在1890年时有上海织布局的成立，但开工不久便遭火焚，故不占重要地位。

上海是最先从事军事工业建设的地方，江南制造局于同治四年（1865年）在此成立，采用西洋机器来制造枪炮、弹药和轮船，是当时最大之制造厂。由此可见，自中国工业化刚开始的时候起，上海便已占有十分重要的地位。

由于此种军需工业不一定会赚钱，故不能得到私人资本，得由政府负责办理，遂成为"官办工业"。此种官办军事工业中最重要者有以下几家：

（一）江南制造局：

鸦片战争以后，上海便被辟为通商口岸，且特别发达，外船泊者特多，其由远道而来，需修理船只，故在虹口有外人设立之机器铁厂，其主要业务为修船，后来亦可造船，更可造枪炮。同治四年

（1865年）时，政府便收买之而成江南制造局。李鸿章的洋枪队所用的弹药消费很大，故在上海设有炮局二所，也被一同并入江南制造局。

曾国藩时为两江总督，派容闳往美国买机器，运回后也设在江南制造局中。局中有炼钢厂一所，有小炼钢炉一个，每天炼出之钢仅有3吨。此外局中还有造船厂、船坞及兵工厂。此厂设立资金由海关每年提出关税之二成（约40万两）充之。

江南制造局之出品落后陈旧，其原因有三：一是设备不佳。不是全部机械化的，而参用一些人工，钢与焦煤均靠外来，每天只能炼钢3吨。二是管理不佳。因是官办，管理人员马虎从事，以人事关系安插者太多。三是厂址不佳。因上海不接近原料产区，后来江西萍乡发现煤矿，有人建议迁址，然大量设备搬迁不易，故未迁厂。结果所产出之兵器式样陈旧，效能不佳，且不能大量生产，成本亦高。

造船厂方面，同治七年至光绪二年间（1868—1876年）每年出船一艘，除一二艘大兵船外，余皆为小的炮艇（gunboat）。由于原料靠外来，工程师亦靠外来，故造船成本高于向外买船，因此后来自法国购得定远、镇远两舰。

（二）福州船政局：

1866年左宗棠任闽浙总督时与法人日意格（Prosper Giguel）合办，合约中规定须于5年内造船16至18艘，并办"船政学堂"。其中有法人75人，中国工人约2 500名，每年经费为60万两银。但经费常不足，故产品不佳，且组织不健全，冗员多，又有舞弊现象，此外选址亦不佳，虽近海而不近矿。

（三）汉阳铁厂：

成立于光绪十六年（1890年），先是张之洞在两广总督任内所筹备，后来张于1890年改任湖广总督，于1890年至1894年间由政府投资共500万两银而创办。当时全国国库收入每年仅8 000万两，故500万两相当于全国一年收入的十五分之一。

炼钢铁的设备初由英国入口，后来有的来自比利时，在1894年时开始产出钢铁，为当时远东第一家。但其成绩不佳，所制出的火车轨质地脆而不合用，1894年5月开始生产，到10月便停火。其原因有以下几点：

一是燃料问题。湖北东部的大冶铁矿很丰，但在燃料方面则不理想。为找焦煤，张之洞在大冶县开王三石煤矿，入地百多尺见水，另需大量资金，于是放弃。又在武昌开马鞍山煤矿，但煤中有很大成分的硫磺，无法做成好的焦煤。河北开平的煤矿可炼焦煤，于是张之洞向该处购煤，但运费很重，且供应不足。因此，由于焦煤不足，该厂的两座化铁炉只能开工一座。即使如此，尚须向西欧购焦煤，每吨焦煤价格为32两银，而每吨生铁售20两银，因此该厂所花的代价约为外国工厂的三倍。

二是机器设备问题。张之洞在两广总督任内时，委托驻英公使代洽购买贝塞姆炼钢炉（bessemer converter），另有一马丁炼钢炉，可去除磷成分。但大冶出产的铁砂含磷较多，所炼成之生铁与钢含磷超标，故质量不佳。

三是厂址问题。由铁砂制成钢轨，每吨钢炼成需用煤3.4吨。如煤、铁不在同一地方，则厂址应在产煤区，再不得已应设在铁矿处，如美钢铁工业中心在匹兹堡，德在莱茵河流域。张之洞的钢铁厂本应设在大冶，但他为了自己管理方便起见而设在汉阳。

张之洞除在湖北设立汉阳铁厂及汉阳枪炮厂外，还建设了大沽炮台、广东的石井兵工厂和虎门炮台、海南岛的秀英炮台等。

至于铁路的建设，此段时期内成绩也不好。英国人在上海建成吴淞铁路，后来碾死一人，在舆论攻击下，政府于光绪二年（1876年）把该路买下，拆下送到台湾。

这一阶段的工业化是官办的国防军需工业。

2. 第二阶段：商办民生日用工业发展时期（1895—1913年）

此一阶段工业化的特色是以消费工业品的生产为主。

1885年，中法之战失败，其后甲午战争又失败，与日订《马关条约》，此可证明中国第一时期国防工业建设的无用。故中国觉悟，采用别的政策，除军事工业外，对于民用工业（即消费品的生产）开始特别注重，且由国营转向民营。

《马关条约》规定准日本在华设工厂，日本比中国技术进步，在中国投资是对中国工业的大威胁，因其益与中国工业竞争故也。且其他国家根据最惠国条款，也同样获得在华设工厂的特权，因此外资工厂与中国竞争，中国工业发展更加不易。当时俄国建中东铁路，法国在云南亦投资铁路，外国资本大行其道。

为了对抗外资的涌入，政府于是大大鼓励民族资本的发展，并给予方便，于是便有所谓"民族工业家"的出现。例如上海的祝大椿，独自投资200万元，雇用员工24 000人，其所经营之厂有源昌机器碾米厂、源昌机器缫丝厂、华兴面粉公司、公益机器纺织公司、怡和源机器打包公司等。又如江苏南通的张謇，建立大生纺织有限公司，其资本在创立之初（1899年）为50万两，生产纱锭20 350锭，到1913年时资本已达到近200万两，生产纱锭66 700锭（当时全国总产量为83万余锭）。

1895年，汉阳铁厂由官办改为官督商办，1908年时又改为商办，由盛宣怀接管，改称"汉冶萍煤铁厂矿有限公司"，资本2 000万元。盛宣怀接办后，初不还资本给政府，以后每产1吨铁还银1两，至500万两还清止。

此外又在萍乡开煤矿，投资500多万，除一部分民间资本外，又从德国赊机器，派人带铁砂与煤赴英化验，订购大量马丁炼钢炉，至民国初方完成。

盛宣怀需要大量资本，正好日本八幡制铁厂设立，因缺铁砂，与盛谈判贷款300万日元，以后每年还若干万吨铁砂。但资金仍不足，继续向日本借债，到后来债愈来愈多，要请日人为工程会计顾问，进而受日人控制，以至要将生铁以低价卖给日人，因此不能赚大钱。

此一时期工业生产之特点为：一是私人投资增加。原来以军用工业为主，自甲午战后开始以民生工业为主，即注重轻工业及消费品工业的发展。二是由于轻工业与消费品工业容易赚钱，故商人乐意投资，商办或民营工业代替官办工业而兴起。三是《马关条约》准外资在华设厂，故甲午战后外资工厂在华大为发展起来，外国资本占有重要地位。四是铁路得到较大规模的建设。中国在第一时期也有铁路的建设，不过成绩不好，只有200英里长的铁路。但甲午战后到清末民初时期，全中国已有了6 000英里的铁路。

3. 第三阶段：民族工业资本兴起及发展时期（1914—1937年）

1914年至1918年为欧战（即第一次世界大战），此时期内西方各国忙于作战，欧洲运华工业品减少。民族工业无外货竞争，国内工业产品价格提高，故欧战时中国入超日减。1914年贸易入超2.1亿海关两，1919年贸易入超减为1 600多万海关两。

就棉纺织工业来说，1915年至1925年间国内有87家新纱厂创立。欧战前中国每年只有80多万枚纱锭，到1925年时中国已有350万枚纱锭，为欧战前之四倍多。到1937年时，中国已有500万枚纱锭。荣宗敬在上海开办申新纺织公司，最初（1916年时）只有1.2万枚纱锭，20年后（即1936年时）已有56万枚纱锭了，并已有9个纺织厂。

在近代中国采用机械化生产的新兴工业中，以棉纺织业最为重要，无论在资金、产值、工人或是动力方面，都占有特别重要的地位。

中国近代用机器来进行棉纺织业生产，以在光绪十六年（1890年）开工生产的上海织布局为最早。自此以后，上海的棉纺织业在全国总额中一直占有很大的比重。在抗战前的20多年内，上海的工业生产品要占到全国的一半，因此有所谓"面粉大王""棉纱大王"的出现，此即"民族工业家"或称"民族资本家"也。

除棉纺工业外，此一时期内香烟、面粉、缫丝、五金、碾米业等均有发展。

英国在18、19世纪间工业革命成功，到19世纪中叶，各国纷纷响应而模仿其工业化。中国自鸦片战争后，由闭关改为开关，自然而然地也受到这种世界性的工业化潮流的影响，而开始采用机器进行生产。

虽然中国工业化的成绩远不如其他各国，但鸦片战争后打开的五口之一的上海，却由于种种的机缘，渐渐成为全国工业化成绩最好的一个城市。在抗战以前，其人口不过全国的一百五十分之一，而工厂数却占到全国总数的三分之一至四分之一，后来甚至占到一半左右。上海的工人人数以及工业所用的动力方面，都占到全国的60%左右。

开关以前的上海，曾经长期作为棉纺织手工业的中心，例如清康熙年间（1662—1722年）上海县出产青蓝布匹，民间于秋成之后，家家纺织，赖此营生，上完国课，下养老幼。

此一时期内中国民族工业家兴起并发展的原因有：一是由于欧战发生，入华洋货减少。二是中国的爱国分子发起抵制日货运动及抵制洋货运动。可袁世凯想做皇帝，屈服于日本，承认日本提出之苛刻的"二十一条"，因此国人加以抵制，使日货、洋货不能顺利销售于中国，因此使南洋兄弟烟草公司等民族工业发了大财。

二、中国近代工业化成绩不如理想的原因

中国过去数十年间工业化的成绩比别国差，不能使人满意。以下为抗战前国际联盟对各国工业化程度的统计（1926—1929年）：

国家	每人每年平均消费工业品
美国	254美元
英国	112美元
德国	110美元
法国	96美元
意国	60美元
日本	28美元
俄国	22美元
中国	3美元

由上表可见，美国平均每人每年消费254美元，而中国仅为3美元。故中国虽受英国工业革命之影响，采取英国式的机器生产，但成绩不及欧西各国，其主要原因如下：

（一）资源方面的原因：

中国煤的储量居世界第四位（前三位为美、俄、加），此为抗战前之地质调查所得结果。但中国的煤有三分之二在山西（全国煤储量为4 445亿吨，其中山西有2 950亿吨），由于黄河常泛滥为灾，且山西距海远，不能用海运，故因水道交通不便而不能大量开采。

当时英国福公司经中国同意，取得山西东部及东南部矿产的开采权。公司方面考虑到对外交通问题，设法先陆运至湖北襄阳，再经汉水、长江水道运到外地。因此起初主张由山西泽州筑铁路到湖北襄阳（即泽襄铁路），再用轮船运往国内外。但后来发现襄阳附近水浅泥多，大船不能航行，便放弃建此铁路。又再要求中国准建山西泽州到

浦口的泽浦铁路，如此可大量运煤到长江下游，再用船经长江运往国内外出卖。但因当时盛宣怀负责建设平汉铁路，由比利时贷款建成，故反对英商建泽浦路，因此福公司只得放弃山西煤的开采权，由中国赔200多万两银子。此为19世纪末20世纪初英人在山西经营煤矿的经过。因此，山西的煤不能充分开采，当时所开采者只占中国总产量的10%，有时只有7%，故使得中国的煤产量受到限制。

（二）生产技术方面的原因：

科学与技术两者之间的进步有着密切关系，有了科学，机器等生产技术才能被发明。但清代士子忙于写八股文和中进士做官，精力不在技术的改进与发明上。又由于人口过剩，1750年至1850年百年间大约增加了2.5亿人，自1850年至1950年间大概增加了1.5亿人。人口的快速增加使得谋生就业及吃饭问题均很严重，而机器最主要的特点为节省人工，故当时工人怕失业无饭吃，若某地设立机器工厂，便用暴力捣毁机器，也有反对建铁路的。

若以中美两国作一比较，美国在18世纪末刚独立时只有400万人，而中国当时人口已超过3亿，且美国土地面积大，故人力需要大。故美国鼓励工业家发明并使用机器，此与中国之情形正相反。中国因人口增加，失业问题堪虞，故以机械生产为特点的工业不易发展。

（三）制度组织方面的原因：

中国最初的工业化以官办公营工业为主，也有官督商办的，亦与官有关。由于官方出资，办工业者马虎不负责，任用私人，贪污舞弊，导致效率低下，成本加高，遂使经营亏本。且清室以少数民族统治汉人，实行专制统治，其间太平军、回民起义相继发生，长期的战争对生产设备造成严重破坏，故民间商人不愿投资工业。

（四）资本方面的原因：

工业化是一种机械的生产，大规模的机器设备需要大规模的资本投入，而大规模的投资由储蓄而来。由于中国过去生产力低，农民耕田所得少，又常有大规模的饥荒出现，故无法储蓄，便无法积累资本去投资。中国以前并无现代化银行，钱庄信用低，常倒闭，不能集中大量资本以满足大工厂工业的需要。故中国资本不能满足工业投资的需要。

同时，甲午战后向日本赔款2.3亿两银，占全国财政预算的四分之一。庚子事变之后又订《辛丑和约》，又赔4.5亿两银。每年赔款及偿外债支出占到全国预算的三分之一，因此政府亦无钱投资工业。

（五）关税自主权的丧失：

中国自鸦片战争后与外国有协定，外国货进口只准"值百抽五"，不能提高关税率以保护本国刚建立起来的幼稚工业。因中国不能实行自主的关税政策，外国工业产品遂在关税特权之下大量进入中国。且西方的工业品生产成本既低，品质又好，中国货无力与之竞争，故中国的工业难以发展。到1928年时国府才收回关税自主权，以保护本国工业，但此前百余年间皆不能保护关税。

（六）铁路交通方面的原因：

试以中、美为例，分析两国铁路建设方面的不同。

美国地广人稀，土地为政府国有，故奖励私人建铁路，并赠送铁路及其两旁的大量土地，因此商人建铁路不用购买土地。据统计，美政府送给铁路公司的土地总面积要比德国或法国的领土还大。1913年时，美国的铁路已达25万英里，而中国当时只有6 000英里。因为中国地少人稠，土地已为私人占尽，政府无国有土地，无法送土地给私人的铁路公司来筑路。

而且美国的铁路建设之所以成绩好,亦由于其制度好,即由私人企业办,认真负责。而中国则为官营,由政府筹款,但政府因向外国赔款而财力衰竭,故无力筹措建设铁路所需的资本。抗战前中国的铁路,以北平至汉口一线为界,则大部分均在平汉线以东,其西则无。因为西北铁路极少,故工业建设成绩很差。

综上,中国虽有长时期近代化工业的经营,但由于资源的不能充分利用、生产技术的不求改进、组织管理制度的不周全、资本投资的不足、关税自主权的丧失及铁路建设的落后等原因,故成绩始终不能理想。

出版后记

全汉昇先生是中国经济史学科的开拓者之一,也是一位贡献卓著、广受赞誉的史学名家。全先生早年考入国立北京大学史学系,师从陶希圣、傅斯年等著名学者,并将中国经济史研究确立为自己的终生志业。1935年毕业之后,全先生进入中央研究院历史语言研究所从事研究工作,后又赴美深造,在唐宋经济史、中国物价史等领域卓有建树。此后,全先生又涉足明清经济史及近代工业化等研究领域,贡献了大量深为学界所推重的学术力作。

全先生在其六十余年的学术生涯中,涉足广泛,著述弘富,在中国经济史研究这一领域可谓有拓荒发轫之功。全先生治史兼有广博与专深之长,一方面十分强调史学的实证性,务实求真,将研究建立在丰赡而全面的史料基础之上,同时注重吸收西方经济史学界的新观念和新方法,不断发掘新问题,开拓新视野,推动中国经济史研究的深化与进步。对于全先生的重要学术贡献,哈佛大学教授杨联陞先生曾题诗云:"经济史坛推祭酒,雄才硕学两超群。"可谓至言。

1965年,全先生获聘于香港中文大学新亚书院,任历史系教授。1967年至1968年间,全先生曾先后开设"中国社会经济史"和"中国近代经济史"课程,分别对上古至元代与明清及近代的社会经济状况与发展趋势进行了概述与剖析。本书将两门课程的讲稿合而为一,以完整地呈现全先生贯通古今的宏大视野及对数千年间历史大势的精彩把握。

  本书由新亚书院毕业生叶龙先生据当时的课程笔记整理而成，我们在此要感谢叶龙先生的付出，他不仅以详尽的记录保存了这部讲稿，而且加以精心的审订与补充。此前，钱穆先生的《中国经济史》与《中国社会经济史讲稿》两部作品同样由叶龙先生记录整理而成，两书均已顺利出版。钱穆先生与全汉昇先生同为一代名家，在学术上既一脉相承，又各有所长，相信广大读者在领略其学术风采的同时也能够有更多的收获。

  服务热线：133-6631-2326 188-1142-1266
  读者信箱：reader@hinabook.com

后浪出版公司
2016年2月

图书在版编目（CIP）数据

中国社会经济通史 / 全汉昇口述；叶龙整理. -- 北京：北京联合出版公司，2016.5
ISBN 978-7-5502-7428-0

Ⅰ. ①中… Ⅱ. ①全… ②叶… Ⅲ. ①中国经济史 Ⅳ. ①F129

中国版本图书馆CIP数据核字(2016)第067376号

Simplified Chinese edition
Copyright © 2015 POST WAVE PUBLISHING CONSULTING (Beijing) Co., Ltd.
本书中文简体版权归属于后浪出版咨询(北京)有限责任公司

中国社会经济通史

口　　述：全汉昇
整　　理：叶　龙
选题策划：后浪出版公司
出版统筹：吴兴元
特约编辑：陈顺先
责任编辑：李　征
封面设计：周伟伟
版面设计：张宝英
营销推广：ONEBOOK
装帧制造：墨白空间

北京联合出版公司出版
（北京市西城区德外大街83号楼9层　100088）
北京京都六环印刷厂印刷　新华书店经销
字数150千字　690毫米×960毫米　1/16　12.5印张　插页4
2016年5月第1版　2016年5月第1次印刷
ISBN 978-7-5502-7428-0
定价：32.00元

后浪出版咨询(北京)有限责任公司常年法律顾问：北京大成律师事务所　周天晖　copyright@hinabook.com
未经许可，不得以任何方式复制或抄袭本书部分或全部内容
版权所有，侵权必究
本书若有质量问题，请与本公司图书销售中心联系调换。电话：010-64010019

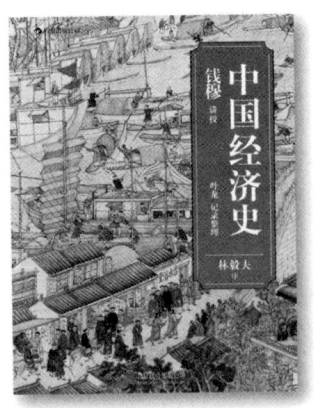

《中国经济史》

入选中纪委推荐书目
剖析历代政治得失经济根柢
把握五千年来中国经济史脉

讲 述 者：钱穆　　　　记录整理：叶龙
作 序 者：林毅夫

书　　号：978-7-5502-1958-8　　　页　　数：312
出版时间：2014.01　　　　　　　　定　　价：39.80元

　　1954至1955年期间，钱穆先生曾于香港新亚书院先后讲授"中国经济史"及"中国社会经济史"两门课程，扼要地讲述了由上古春秋战国至明清时代的经济情况及财政政策，并道出经济与政治、文化、社会、军事、法律、宗教之间的相互影响和联系，评价政策和朝代兴亡之关系。

　　贯穿全书的主要经济问题包括农业经济及土地分配、基建及水利工程、工商业发展、货币制度改革、社会阶层现象、税制及徭役等。细读两千年的经济史，我们可以发现，今天中国的社会经济面貌深受历史传统的影响。希望此书能够帮助读者解读目前推行政策背后的原因和影响，同时起到镜鉴作用，将有益的经验应用于今日商业社会，避免失败的教训重蹈覆辙。

《中国社会经济史讲稿》

史学大师钱穆先生讲授
纵论五千年经济发展大势

著　　者：钱穆
记录整理：叶龙

书　　号：978-7-5502-6858-6　　　页　　数：128
出版时间：2016.03　　　　　　　　定　　价：29.80元

　　1956年，钱穆先生曾于香港新亚书院开设"中国社会经济史"课程，扼要地讲述了自上古至明清时代的经济情况与财政政策，并涉及农业生产状况、土地赋税制度、工商业与城市发展、货币制度及社会阶级等多个方面。同时也分析论证了历代财政经济状况与政治、制度、社会、军事、文化乃至法律、宗教等方面因素的联系与互动，在长时段的视野下描绘出历史演进的宏观趋势。

　　钱穆先生是一代史学大家，造诣精深，涉猎广博，其中经济史是钱穆先生相对涉及较少的领域，本书则在一定程度上填补了这一遗憾。叶龙先生毕业于新亚书院，曾师从钱穆先生多年，对课程内容进行了详尽的笔录，并加以整理与补释。